人と組織を変える

自己効力

Self-efficacy

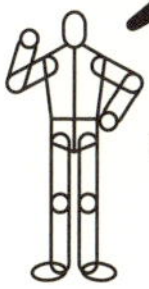

林 伸二

はじめに

「自信は成功の秘訣。空想は失敗のもと」。これは岩崎弥太郎（1835〜1885年：三菱財閥創業者）の言葉である。彼はいう。「自信は成功の秘訣であるが、空想は敗事の源泉である。ゆえに事業は必成を期し得るものを選び、いったん始めたならば百難にたわまず勇往邁進して、必ずこれを大成しなければならぬ」[1]。岩崎がいう自信とは単に何々ができるという意味ではなく、自分がもっている知識やスキルを用いて実際にどんなことを成し遂げることができるという強い気持あるいは信念だと思われる。この自信を社会学習理論では、「自己効力」と呼ぶ。自己効力というのは行動を喚起する重要な源である。高い自己効力をもつことは何も事業家だけに求められるものではない。自分1人で働く人、組織の中で働く人、すべての人にとって、仕事や家庭の生活のさまざまな場面で成功感（楽しい、うまくできた、明るい未来があるといった満足感・充実感）を得るには、高い自己効力、適切な目標、強い意志が不可欠なのである。

私には何ができるのだろうか、本当に自分にそれができるのだろうかと人は、とりわけ若者はしばしば考える。人は無限の可能性（能力）をもっているといわれるが、表れている能力はほんの一握りの能力である。しかもその表れている能力も人によって異なり、そして程度の差がある。いったいそれはなぜなのだろうか。
その鍵を握っているのは知識でもないスキルでもない、偶然でもない。自己効力（感）である。バンデューラ（Bandura, A. ―主として動物を対象にしたミラー&ダラードに代表される伝統的な社会学習理論に対して人間を対象とする現在の社会学習理論において最も重要な概念であるモデリングの重要性を実証し、現代の社会学習理論の父といわれる）はいう。「人は誰でも、力強い自己効力（self-efficacy）をもてば、何でもできるのだということができそうである」[2]。人はどんな行動でもうまくやり遂げるには、今もっているさまざまな能力やスキルを活用し、成功することができる自分を信頼すること、つまり自らの力を確信することが必要なのである。自分にはやれると思うことが実際に成功するうえで非常に重要な要因なのである。

自己効力というのは、モティベーションを生み、かつ高める最大の源泉の1つだと考えられる。今日、多くの研究者によって、自己効力の効果・意義が明らかにされている。たとえば自己効力の強さによって、物事への関心や取り組み方、目標達成意欲、求職活動や職業選択、教育訓練の効果、リーダーシップ・スタイルの選択・実行、職務業績、ストレスの知覚・緩和や病気治療の効果、さらには人生の成功や幸せの知覚などが変わってくることが明らかにされている。

なお、自己効力の高い人間は、その低い人間に比べ、たとえば次のような傾向をもっている。
・自己効力の高い人は、その低い人よりも、生きていくことに不安やいらだち、おそれを募らせる傾向が少ない。つまり彼らは失望、落胆して努力を放棄したり、無気力・無関心、あきらめ、自暴自棄、抑うつ状態、社会逃避に陥る可能性が低いのだ。

・一般的自己効力が高い人ほど、タスクへのモティベーション（意欲）も高く、結果としてタスク業績が向上した。

・自己効力の高い人は、困難な目標でも達成しようと努力する。自分が求める目標と自分が現在までに成し遂げてきたこととの間に大きなギャップがあれば、より一層努力しようというモティベーションが高まる。

・自己効力の高い人は自分の成功（行動結果）が、自分の力（能力・努力）によるものだと信じている。

わが国においてもすでに、主として医療や教育、予防医学の現場で自己効力の概念と理論がいかに役に立つのかを明らかにした研究がある。[3] また筆者の、わが国の会社員や看護師の「幸せの知覚メカニズム」の解明についての研究からも、自己効力の重要性が明らかになっている。[4] 自己効力は本当に人間の行為のすべての局面（認知、情緒、生理、行動の4つ）に影響を与えているようだ。リーズ&フリーマン[5]は「自己効力は人間の行為のすべてを改善（向上）させる上での1つのキー変数だ」という。

本書は、過去の研究成果に基づいて、組織の中で働いている人たちの能力・欲求・性格・考え方や職務態度、モティベーション、職務行動、教育訓練方法、リーダーシップ行動、職務業績を改善するにはどうすればよいのかについて、自己効力理論を用いて明らかにする。

この自己効力というのは具体的にどのような効果があり、どのようにして形成（発達）してくるのだろうか。そこには何か明確なメカニズムのようなものがあるのだろうか。これらの問題について、過去のさまざまな研究成果に基づいて、解明していきたい。ただし、今回は企業や病院、教育機関、行政機関などの組織メンバーにとって重要な自己効力に絞る。

最後に、本書の出版にあたり同文舘出版　代表取締役社長中島治久氏、専門書編集部　青柳裕之氏、大関温子氏に誠心からのご厚意とご配慮をいただいた。とりわけ筆者が体調を崩していた折、大関氏からは編集者としての役割を超えて衷心からのお心遣いとご支援をいただいた。本当に心から謝意を表したい。

2014年2月

林　伸二

人と組織を変える自己効力◆目次

第2章 自己効力と能力・欲求・性格・考え方

第3章 自己効力と職務態度

第4章 自己効力と仕事モティベーション

第5章 自己効力と仕事行動

第6章 自己効力と教育・訓練

人と組織を変える自己効力

本書で明らかにする自己効力の効果

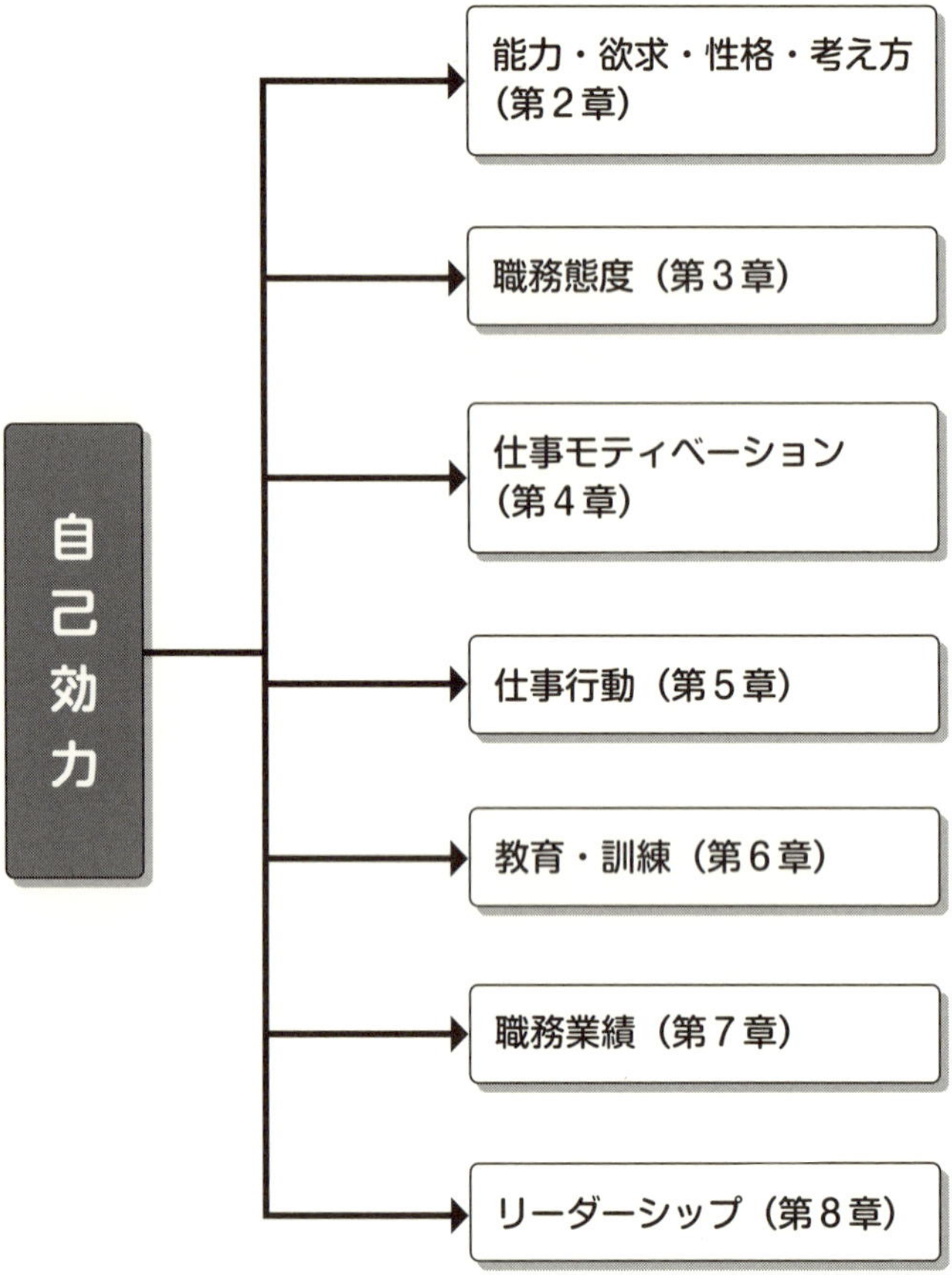

序―今なぜ自己効力なのか―

バンデューラは1977年に「自己効力―行動変革の統一理論に向かって」(後述)という論文を発表した。当時のアメリカ社会と経済はベトナム戦争の終結後の景気低迷と社会的騒乱、つまり繁栄から失意、混乱に陥った時代ということができるだろう。林敏彦によれば、アメリカ社会は1950年代の不平等と不正義の拡大、60年代の「生活の質」の向上と「偉大な社会」の建設へのあがき、70年代のオイルショックとスタグフレーションへ突入していった[1]。つまり第2次世界大戦から1970年代初期まではアメリカ資本主義の黄金時代といわれる。しかし60年代後半からそれまでの凄まじい経済成長が急激に減速していき、70年代に入るとスタグフレーションが発生し、景気の悪化にかかわらず物価がうなぎ登りに上昇していった。企業は製造過程を低賃金の経済発展諸国や新興国に移していき、国内の失業率も増加し続け、国民は生活苦にあえぎ始め、とりわけこの傾向は黒人やヒスパニックに顕著となった。しかもこの結果、所得の不均衡が劇的に増大していった。70年代のアメリカ社会は人種による摩擦、犯罪率の上昇、麻薬使用の増加、性に対する自由な考え方などに特徴付けられる。たとえば当時のニューヨークは黒人の公民権運動、ストーンウォールの反乱などによる治安の悪化、不況、生活環境の悪化などに代表される。

このような状況では、国民1人ひとりの間に、それぞれの人種の間に、また貧しい人たちの間にも健全な価値観とアイデンティティの確立が求められる。この健全なアイデンティティの構築にとって自己効力がきわめて重要な働きをしているのである（後述）。つまり自分は自分であり、今まで通りの自分であって、これからも変わることがない一貫した人間であるには、人は自己効力を獲得し強めることが必要である。そうでなければ、自分が他人（重要な）や集団から重要な役割を与えられたり期待されもしない。そういう人は社会的に価値のない人間だと烙印を押されたようなものである。

そもそも効力（efficacy）という用語は、1952年にバブコックが当時のアメリカ社会における言語教育の現状と在り方を論じるさいに使用している。[2] 経営学の領域では、1958年にビンガムが公務員の勤続年数と効力の関係、そして彼らの非物質的価値に対する選好の強さの解明に効力概念を用いた。彼は効力の高い公務員を仕事に対して積極的な態度を持っていると規定する。[3] まだこの時期の研究では、効力という用語は一般的に曖昧に捉えられているようである。

1977年に、バンデューラは、“Self-Efficacy: Toward a Unifying Theory of Behavioral Change”という論文を世に送り出した。[4] 彼は、人々の日々の生活で自己効力の働きほど影響力のある重要なものはおそらく他にないだろうと喝破する。[5] それは自己認識に関わるさまざまな他の概念が人々の生活に与えているであろう働き（作用）をはるかに超えるものなのである。

バンデューラの自己効力理論は次の2つの特徴をもっているようである。1つは、過去の多くの理論によって提唱されてきた、人間の考え方、感じ方、モティベーションおよび行為から構成される人々の生活活動のそれぞれの局面が客観的にどうであるのかというよりも、重要なことは、その人が何を信じるかということなのだ[6]。自分は何ができるのか、そしてそれがどんな結果を得ることができるのかについて信じることの方が大きな意味をもつのである。つまり人の行動やものごとの生起―結果に関する因果関係に関する信念が重要なのである。したがってその因果関係を十分理解するためには、個人的な効力の信念をもたらすもの、その構造と機能、影響を及ぼすプロセス、さまざまな効果などを説明する包括的な理論が必要である。これが自己効力理論の内容である。この理論の価値は、人間の効力をいかに発達させ強化していくかということについて明確な指針を与えるところにある。つまりこの理論は人間がもつ効力の信念によって、個人あるいは集団が望む変化を可能なかぎり実現させようとする方法を導くのである。したがってこの理論は人が、他のさまざまな科学（経済学、医学、法律学、物理学など）の知見を用いて、現状や将来において何か変化を起こしたい、コントロールしたい、改革したいと考え、具体的に何らかの行動を取るさいに最も重要な人間の本質的なもの（信念）とは何かを明らかにしようとしているところである。

2つ目は、自己効力の実践的な問題解決能力である。バンデューラはいう。「今日の社会生活は、次第に拡大されつつある世界的な相互依存関係同様に、急速な社会的・技術的変化の影響を受けている。これらの挑発的な新たな現実は、将来の人生の道筋をいくらかでもコントロールしようとする人々の能力に圧迫を加えている」[7]。人は自分の社会生活を自分なりに豊かにするためには、少なくとも自己調整力（社会的な基準や目標にしたがって自分の行動を自ら評価し修正もしくは強める能力）を高めて環境変化に適応して生きていく必要がある。

バンデューラは1995年に*Self-Efficacy in Changing Societies*という編著書を発表した。当書は、生活の変化に応じて求められる知識や能力を自分がどの程度身に付けることができるのかについての若者の信念（強い気持ち）が、心理的な幸福感、達成感、今後の人生の道筋の方向性にどのような影響を与えているのかを明らかにし、激動する社会状況のもとで、適切に適応していくための環境の選択、構成、管理の方法を以下のように分析している[8]。

① 幼児がどのようにして自分の能力に関する信念を発達させていくのか。
② 子供の能力への自信に対して家族がどのような役割を果たしているのか。
③ 文化というものが個人的な効力の発達に対してどのような影響を与えているのか。
④ 人がストレスに満ちた人生に適応していくさいに自己効力がどのような働きをしているのか。
⑤ 人は職業やキャリア・パスの選択によって異なる人生を歩み異なるライフスタイルを作り上げていくが、その職業やキャリア・パスの選択に対して個人的な効力の信念がどのように

重要な働きをしているのか。

⑥　さらには、健康状態や健康活動、薬物の濫用・依存を緩和・抑制する重要な働きをする自己調整力に対して自己効力がどのような影響を与えているのか。

幼児教育の在り方や若者の社会不適応・アイデンティティの欠如、最近とみに社会問題となっているいじめやハラスメントの増加、高齢者の健康生活の維持、薬物依存者の増加、などの問題は、何もアメリカやヨーロッパの社会だけでとりわけ解決すべき喫緊の問題ではない。わが国も現実に直面している問題である。これらの問題の解決に、自己効力が力を発揮できることが近年明らかになり、そしてそういった研究の重要性がますます高まってきているのである。この点については、本書2章以降で、さまざまな問題領域における自己効力の問題解決力を明らかにしている。

最後に、近年のＩＴ技術の発展は目を見張るものがあるが、この発展は基本的に人間の創造力と創造的な学習能力によるものである。しかも後述するが、この学習能力が実は自己効力によって強く影響されているのである。「情報化時代がもたらした新たな現実は、複雑な職業での役割を完全に遂行し、現代生活の要求の迷路を処理するために高度な認知能力や自己管理能力を必要とする。さらに、技術的な変化の急速な進歩と知識の加速的な広がりは、人生全体を通して自己決定に関する学習能力の尊重を重視している。さもなければ、その人間の能力は、急速に時代遅れになるからである」[9]。このような科学技術の発達自体、さらにその学習の効果的な方法の開発、そしてその学習結果を自分の人生にどう活かせばよいのかも、自己効力理論が教えてくれるのである。

第1章

自己効力とは

　自己効力というのは、一言でいうと、非常に困難な問題を解決しなければならない状況下にあっても、それに積極的に取り組もうという意欲を生む鍵である[1]。まさにモティベーションを生む最大の源泉の１つということができる。しかも自己効力は、１つの信念ないしは強い思い・気持ちだけに割合変わりにくく安定したものだが、時間とともに変化していく可能性があるといわれる[2]。

　この自己効力というのは、自信（self-confidence；自分の価値や能力を信じること)、自己価値（self-esteem；自己の社会的な価値（たとえば家族や職場、会社、仲間などにおける自己の能力や役割、存在、業績・成果などに関する意義・重要性）についての自分自身の評価に基づく自己の信念ないしは強い気持ちのこと)、自己同一性（self-identity；本来、自己の自律性と価値を意味するが、「自分であること」、「自己存在証明」、「主体性」などの意味を持つ)，自己概念（self-concept；自分に対する他人の実際の判断（評価）と、その判断（評価）に対する自分の主観的な知覚、そして自分自身が自分をどう知覚しているのかといった３つの統合概念）などと密接な関係がある。

Self-Efficacy

1 定義

1 自信と自己効力

エリクソン（Erikson, E. －1902〜1994、アイデンティティという概念を開発・理論化し、現代人の心理構造の基本的部分を解明し、精神分析学を創始・体系化したフロイトの最も重要な後継者）は「人は危機を乗り越えることによってのみ、自信を獲得することができる」という。[3] それでは、自信とは何だろうか。一般的にいって、自信というのは自分の価値や能力を信じることで一見似ており、一部の研究者の中には、両者の間には少ししか違いがないというものもいる。たとえば、ヒルは自信を「自分の存在と能力について、自らの評価に基づく信念」と定義し、基本的に次の2つから構成される概念だという。[4]

①　自分に対して肯定的な態度をもっている（自分という存在の意義を認めている、自分の行動の正しさや価値を自ら認識している）こと。

②　自分は高い問題解決の能力をもっていると自ら信じていること。

しかしながら、厳密にいえば、自信と自己効力はもっと明確に異なる、別の概念である。バンデューラによれば、「(私たちは）勉強したり試験を受けたりしているときや病気になったときなどに、「問題を解くことができるのだ、回復することができるのだ」と強い信念をもつ（イメージを描く）と、それがよい効果（効き目）をもつようになる。……自己効力とは、積極的に課題に取り組むとか、自分の力で治ってみせるという意識を意図的に働かせることであり、このことがとりもなおさず行動の開発や学習への自信や意欲を促すことになるのだ。人は誰でも、力強い自己効力をもてば、何でもできるのだということができそうである。……そして1人ひとりが自分自身のもつ、認知的スキル、社会的スキル、行動的スキルについて判断していくときの内容が、自己効力と呼ばれるものなのである。これによって人は曖昧な、予測しがたい、ストレスとして作用するような要因を含む状況をうまく切り抜けることができるのだ」[5]という。

つまり自己効力とは一言でいえば「自分がある行動をすることができる（能力がある）」という信念もしくは強い気持ちのことである。能力は人によってさまざまである。バンデューラは「自分にはできると思うことが実際に成功するうえで非常に重要な要因である」ことを明らかにした、さまざまな研究結果を検討して、「知識や能力は成功する（タスクを高いレベルでやり遂げる）ためには必要なものだが、自分がもっている能力を行為に結び付ける（能力を行為に具現化する）ことができるという意識がなければならない」と彼はいう。[6]だから自己効力というのは、「今、そのことが自分にできるのかどうか」というような具体的な1つひとつの行為の遂行可能性の予測に関するものであり、行動に直結した概念なのである。したがって自己効力は1つひとつの行動に対応して評価・判断されるものだ。これは正確には特定自己効力(specific self-efficacy－行動一般ではなく、ある特定の行動に関してのみ抱く自己効力)のことである。

要するに、バンデューラによれば、自己効力というのは人がもっているスキルそのもののことではなく、そのスキルを用いて自分には何がどのくらいできるのかという判断(力)のことなのである[7]。しかもこの自己効力という信念は3つの次元を総合的に判断したものである[8]。1つは、タスク要求のレベルである。解決しようとする問題や達成しようとする目標や業績が簡単か適度か、あるいは非常に難しいと知覚するかによって、人の自己効力知覚は異なってくる。2つめは、一般性である。人が自己効力をある特定の活動領域でのみ知覚するか、それとも自分のさまざまな活動全般において知覚しているかである。3つめは、自己効力の強さである。自己効力が非常に強い人は、たとえどんなに困難な状況に陥っても、またとてつもなく大きな障害に遭遇しても、それを克服するためにあきらめず努力するだろう。このように人は、異なる環境状況の下でどんな活動領域に従事するのか、そこでのタスク要求の難しさはどの程度なのかによって、自分の遂行能力を判断するのである。

したがって、一般的にいって自己効力と自信は類似している用語のように考えられるが、自己効力は自信という日常的に使われる言葉を、さらに厳密に精確に、行動に直結せしめて定義した異なる用語なのである。

2 自己効力の2つのタイプ

自己効力は大別すると、一般的自己効力（general self-efficacy）と特定自己効力がある。通常は多くの特定自己効力が直接、一般的自己効力を形成していくと考えられる（図表1-2も参照されたい）。ある特定の状況での自己効力が一旦構築されると、それが他の状況へと一般化されていく傾向があると考えられる。つまり、ある分野で高い自己効力をもっている人は、他の分野でも高い自己効力を作り上げる可能性が高いだろう。また、一般的自己効力の高い人は、ある特定分野でも自己効力が高いと意識する可能性が高いだろう。さらに一般的自己効力は特定自己効力の形成・強化を生むだろう。これらの関係は図表1-1のとおりである。

この2つの自己効力を端的に述べれば、一般的自己効力とは、何かを達成あるいは遂行しようとする状況で、一般的にいってその人がセルフ・コンピテンス（自己の潜在的な能力は含まず、実際に何かができる能力（知能とスキルを含む）と、それを達成しようとする動機づけのこと）をどの程度強く自覚しているのか（できるという信念をもっているのか）を指す。[9] したがって、人がどんな状況に陥っても、自分の知能、肉体、情緒（意欲も含む）を駆使して必ず成功すること

図表1－1　特定自己効力から一般的自己効力へ

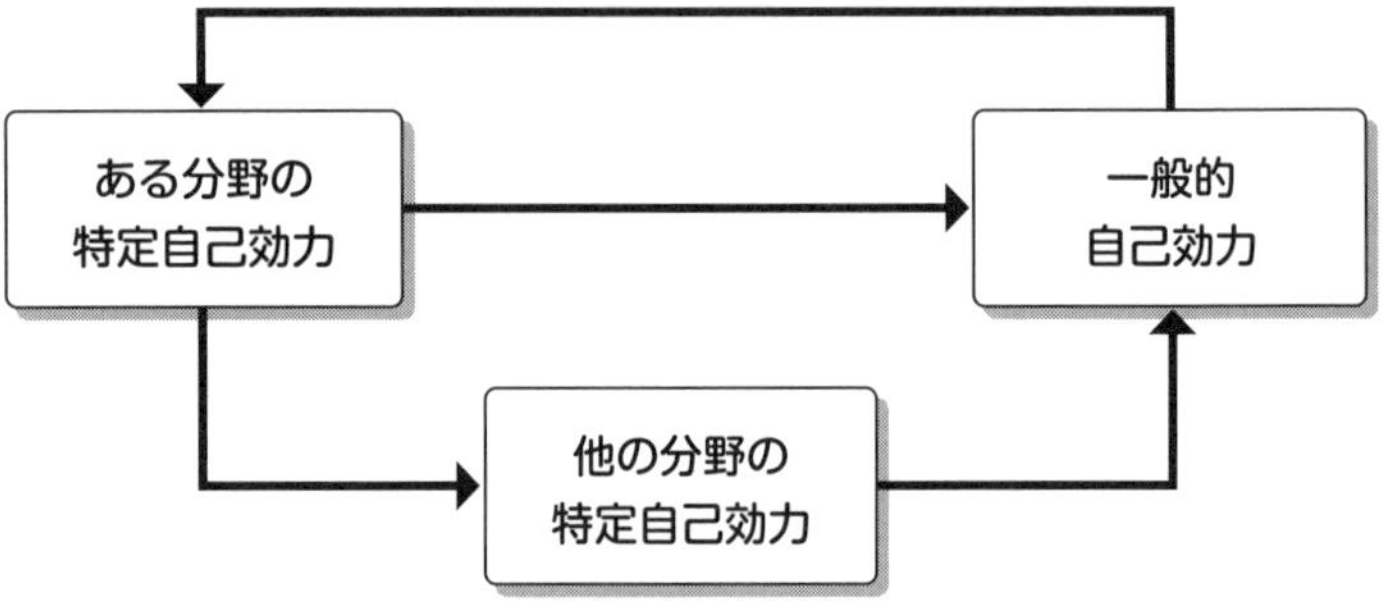

ができるという信念ないしは強い気持ちのことであり、この信念が努力と、その持続力を生むのである。しかも一般的自己効力は本来、自己価値よりも強いモティベーション源泉（モティベーター行動を喚起する力の源）だといわれている。さらに、一般的自己効力は自己価値、環境支配性向（自分の成功失敗や運命は自分自身の力によるもので他人や運などによるものではないという信念の強さを測るロッターらが開発した概念で別名、統制の場のこと－Locus Of Control）、情緒安定性（神経症の程度）の3つとともに、自己概念を形成しているといわれる。[10] 自己概念（7頁参照）というのは自己評価の中核をなすもので、人が生きていくうえで最も重要な意識である。

他方、特定自己効力とは、ある特定の能力の発揮を必要とする問題状況で、自分がどのくらいそれを解決（達成）することができると自覚しているのか（できるという信念をもっているのか）を指す。特定自己効力そのものには、次のような特徴がある。[11]

① 特定自己効力は期待の強さとモティベーションの関係を説明できる。高い期待を一貫してもっている人がなぜ常に高いモティベーションを持ち続けることができるのか、また低い期待をたえずもっている人がなぜ慢性的に低いモティベーションを持ち続けるのかは、その人の自己効力を把握することで説明できるだろう。

② 初めての課題に挑戦するさい、その成功期待は人によってさまざまである。しかし過去の経験がないから、その課題に関する特定自己効力はそもそも個人間のその相違を説明できない。それにもかかわらず、一般的自己効力が高い人は特定自己効力も高い傾向があるので、たとえ初めての挑戦であっても、高い成功期待をもつ傾向がある。

③ ある分野の特定自己効力はその特定分野で経験した、過去の成功と失敗によって強く左右される。

④ 特定自己効力はいったん構築されると、それは他の領域や状況における特定自己効力へと一般化され、結果として一般的自己効力の形成へ通じる傾向がある。たとえば、特定のタスクに関する自己効力や、ある職務状況に関する自己効力は職務業績を高める可能性が高い。これらの特定自己効力が一般的自己効力を高め、その一般的自己効力が職務業績を高める可能性がある。

しかも特定自己効力には、その性質上、無数のものがあり、その効果・意義が研究されている（後述）。

Self-Efficacy

2 自己に関わる他の概念との関係

1 自己効力と自己概念の関係

自己効力は自己概念の主要な構成要素である。のみならず自己効力は自己概念の形成に強い影響力をもっている。[12] そもそも自己概念というのはまだ統一した定義がみられない。[13] しかし現在シェイファー&ケイスの定義が望ましいものだろう。[14] 彼らは自己概念を次の3つの構成要素からなる統合概念だと考える。自己概念というのは自分に対する他人の実際の判断（評価）と、その判断（評価）に対する自分の主観的な知覚、そして自分自身が自分をどう知覚しているのか。つまり自己概念は、単なる主観的な評価だけでなく他人との相互作用の産物なのである。

ところが、自己効力が自己概念を基本的に形成するとまで主張する研究者もいる。[15] つまり、自己概念というのは、そもそも人が自分の能力を評価した結果を描写（記述）したものであり、

図表1－2　子供の学業成績の向上・低下のメカニズム

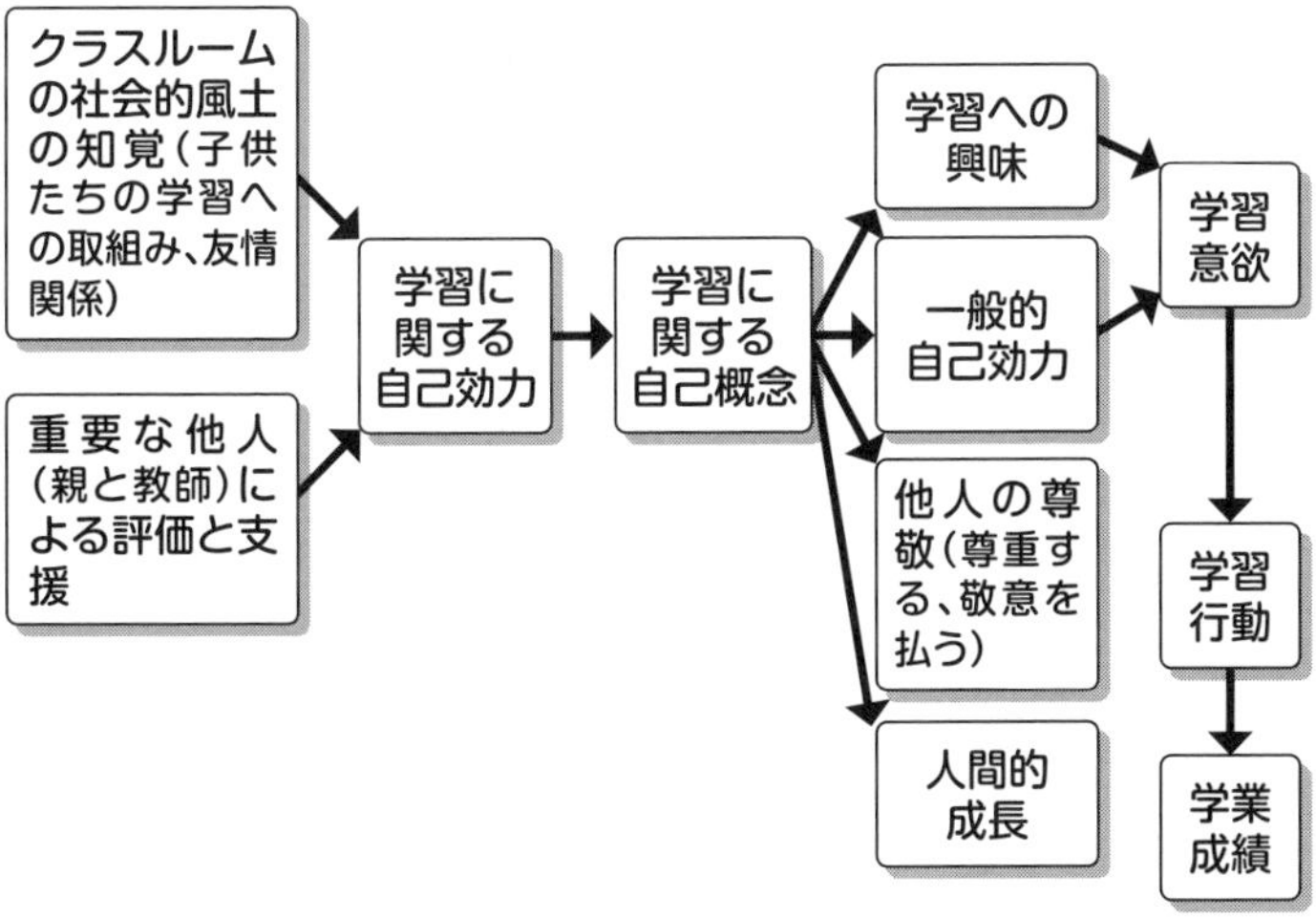

出所：Byer. 2000：26.

能力と結び付いた全体的自己価値を包摂するものである。

さらに、自己概念は4つの特定自己効力から構成されている概念だとする研究者もいる。[16] それによれば、専門職業人たとえば看護師の自己概念は次の4つから成っているとされる。

①　患者に最もフィットした看護を提供する能力

②　データに基づいた適切かつ合理的な情報と実践（やり方）を活用する能力

③　チームメンバーとして協働できる能力

④　看護の質を高めるためのさまざまな理論や方法を活用できる能力

他方、自己効力は自己概念に包摂されているという研究者もいる。自己概念というのは自己についての認知的評価と情緒的評価を統合したもの、つまり自分自身について自分が総合的に知覚・評価したものであるとも定義される[17]。それによれば、自己効力というのは自己概念の中から情緒的評価を除去したもの、つまりある与えられた状況の下で自分が達成（実現）できる可能性についての、自分の予想と確信を示すものである。

さらに、自己効力と自己概念はもっと複雑な関係にあるとも主張されている[18]。ここでは、人が所属する集団の社会的環境が自己概念の形成にどのような影響を与えているのかを解明するために、研究仮説を設定するが、そのさい過去の研究成果が詳細にレビューされている。このレビューで明らかになったポイントは「特定自己効力→特定自己概念→学習意欲」の関係であった。それを図示すると、図表1-2のとおりである。以上の異なる主張から、まだ自己効力と自己概念の関係について明確なことはいえないようである。しかし両概念が密接な関係にあることは明白である。

2　自己効力と自己価値の関係

自己効力と自己価値は概念的には異なっているが、一般的自己効力と自己価値の相関は非常に高いといわれる[19]。なお自己価値というのは「自己の社会的な価値（たとえば家族や職場、会社、

図表1－3　タスク-フィードバック情報-自己価値の関係

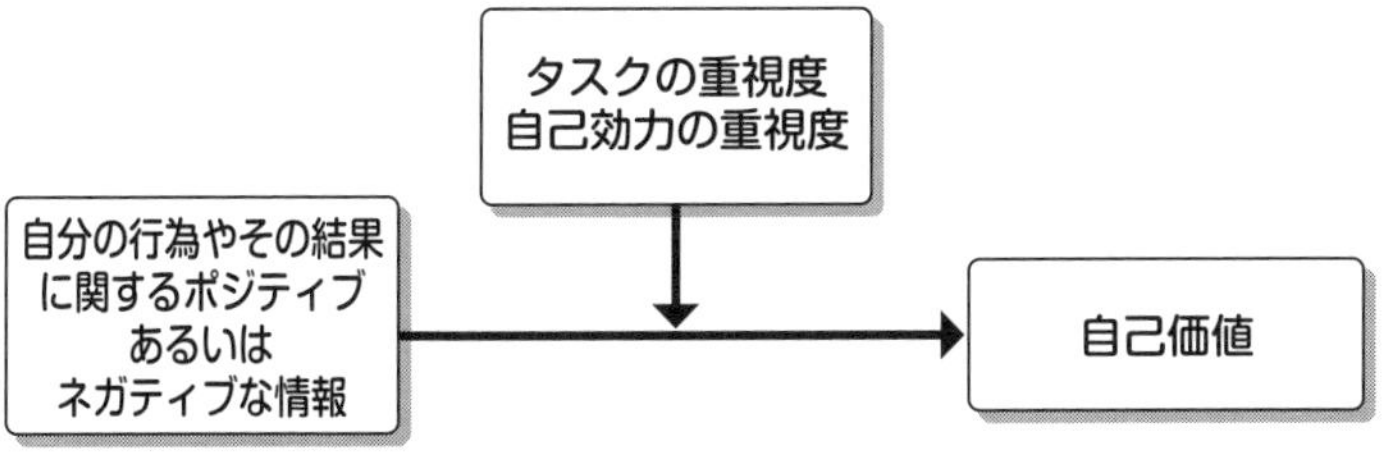

仲間、顧客・取引先などにおける自己の能力や役割、存在、業績・成果などに関する意義・重要性）についての自分自身の評価に基づく自己の信念ないしは強い気持ち」のことである。[20]

たとえば、過去の自己価値研究をレビューしてさまざまな発見がなされているが、[21] その中から自己効力に関するものをあげると、大学生サンプルで、試験のできなかった学生のうち、勉強ができるということ（当該科目に関する自己効力）を重視しない学生の方が自己価値の低下が小さかった。すなわち大学生は試験の成績が良かった、悪かったといった情報をフィードバックされても、その試験の重視度とその科目における自己効力の程度によって、学生の自己価値が異なってくるというのだ。つまり図表1-3のような関係が発見された。

自己効力と自己価値の間には直接的な関係があると同時に、自己効力は自己価値と他の心理的要因との間で重要なモデレーター（調節変数）としても作用していると考えられる。

3　自己効力と同一性の関係

会計士という職業は保守的で自己規制力があり（性格）、正直で誠実だが事業欲や冒険心がなく（価値観）、記憶力と分析力（コンピテンス）が優れているといわれる。[22] つまりある特定の職業（役割）はそれ自体がある特定の同一性（ある特定の役割の認識と期待の遵守）を作り上げるというのである。というのも同一性、とりわけ社会的同一性というものはその人が所属する、あるいは所属したい準拠集団への参加を通じて形成されるからである。準拠集団（人がそのメンバーとして認められたい、心理的に関係をもちたいと望んでいる集団）は1組の役割期待と規範をもつものである。それがメンバーの価値観や態度、行動をある一定の方向に導く。この会計士の場合も、会計士という職業集団に所属し続けたいかぎりは、その準拠集団の役割期待に応え、規範を守らなければならない。つまり同一性は上記のように基本的にパーソナリティ特性、価値観、コンピテンスの3要素からなっていると考えられる。このコンピテンスこそが会計士に求められる自己効力の内容だ。

ところで、同一性とは本来、自己同一性を指す。それは「自分であること」、「自己存在証明」、「主体性」などの意味をもつ。[23] つまり自分は単一であり（単一性）、時間的に連続しており（連続性）、時間を超えても変わることがない一貫した（一貫性あるいは不変性）、独自の存在であること（独自性）を意味している。その同一性はさらに、自分が重要な他人や集団との間で与えられた、あるいは期待された役割の達成や共通の価値観の共有に基づく連帯感や安定感をもった存在であることを意味している。

しかし最近の同一性理論では、自己を単に心理的な存在としてよりも、社会構造の中で果たしているさまざまなアイデンティティ（役割）の集合体として考える。つまり人というのは、さまざまな役割を担っている複雑な全体（社会的同一性）なのだ。したがって一般的にいって、アイデンティティ意識の低い（弱い）人というのは自分の果たさなければならない役割について明確な自覚もなく、確固として一貫した意識も弱い人のことである。[24]

上述の自己一貫性というのは、人に次のような安心できる心理状態を生む。[25]

① 人の自己価値が高かろうが低かろうが、自分の生活と世界をコントロールでき、予測できるという気持ちを与える。

② 強い自信（自己効力）を与える。

したがって、自己一貫性を否定する、あるいはそれに一致（調和）しない情報を知覚したり、外部から与えられると、人は強い不安や悩みに陥るのである。

大学生の場合、さまざまなタイプの同一性が一般的自己効力に強い影響を与えていることが明らかになっている。[26] それは5種のアイデンティティ（社会的、アカデミックな、人種的、感情的人間としての、精力的な人間としての）が一般的自己効力、自己価値、自己正当化（自分の人生には意味がある、自分は自分の主義にしたがって生きているという意識）、幸せ感にどのような影響を与えているのかに関する研究である。サンプルは米国南部のある州立大学の学生193人であった。これによれば、一般的自己効力は人種に関するアイデンティティを除くすべてのアイデンティティによって影響付けられていた。とりわけ精力的な人間としてのアイデンティティが一般的自己効力に非常に強い影響力を示していた。次に強いのは社会的なアイデンティティであった。

つまり何かに夢中に取組むことに関するアイデンティティの強い人ほど、一般的自己効力が強かった。また学校での勉強以外の諸活動（学校内のクラブ活動やイベント、講演会などへの参加）を重視し積極的にかかわっている学生ほど、一般的自己効力が低かった。なお一般的自己効力の強さに性差はみられなかった。

Self-Efficacy

3 自己効力の構造

自己効力は自己概念の重要な構成要素だと考えられる。たとえば、思春期の若者が友情関係

図表1－4　自己知覚プロフィール(若者用; SPPA)

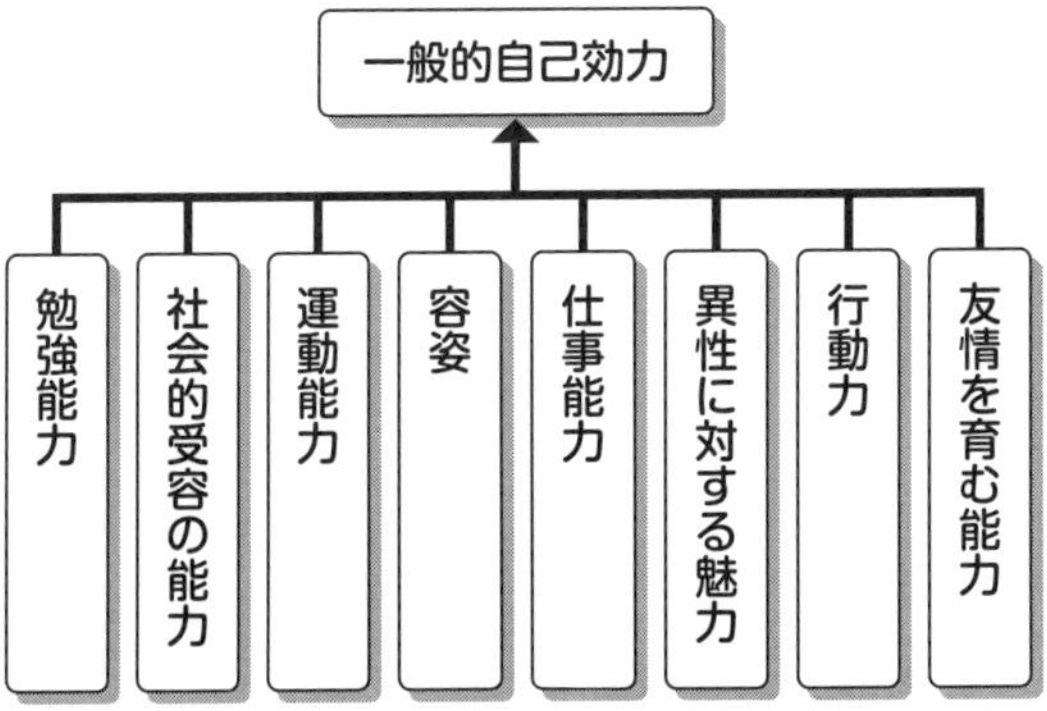

を育み、適正な自己概念を構築していくのを支援するために干渉プログラムの開発が試みられた。[27] サンプルは12～14歳の子供たち174名。この研究では60活動（6テーマに分かれる）を改善する干渉プログラムが作成された。このプログラムは非常に高い効果を生んだ。その6テーマのうち3つが社会的自己効力の向上に関連したものであった。それらはコミュニケーション、友情を育む気持ちの表現と相手の気持ちの理解である。研究者は自己概念とりわけ社会的自己概念の構築あるいは向上のためには、社会的自己効力を高めることが不可欠だというのだ。と同時に、この研究結果によれば、社会的自己効力が上記の3つの活動から構成されている（基礎付けられている）と指摘できるだろう。社会的行動という領域における自己効力も構造をもっているのだ。

すでに思春期の若者が自分の一般的自己効力（原著では、コンピテンスを使用）をどのように知覚しているのかを明らかにするために8種の能力（特定自己効力）測定スケールが開発されている。[28] それらは実は下記のような構造を作っているのである（図表1-4）。

要するに、自己効力には一般的なものと特定的なものがあり、前者は多くの特定自己効力から構成されると考えられる。しかし両者は根本的に異なる概念だという主張もあり、まだ両者を明確に区別することはできないようである。

Self-Efficacy

4 一般的自己効力の形成のメカニズム

一般的自己効力は、過去の行動や社会関係、社会的学習、教育訓練、社会的支援、重要な他者（家族や友人たち）、働く場があること（失業してはいない）、などさまざまな要因によって強くもなったり弱くもなる。この強弱はどのようなプロセスによるものだろうか。

1 自己効力を高める一般的な方法

一般的自己効力は無数の特定自己効力の総和的なものだとすると、特定自己効力を高めることによって一般的自己効力も高めることができるだろう。その際、教育訓練が効果的である。実際、教育訓練が自己効力を高めるという研究結果が多数ある。たとえば、

① 自己効力が低い求職者の場合、職探し訓練によって職探しに関する自己効力が向上した[29]。

② 新入社員の場合、入社前のモティベーション訓練と、その訓練に関する自己効力、そして入社後の業績に対する期待の程度が、その新入社員の職務自己効力に強い影響を与えていた[30]。

③ 社会学習は自己効力を高める、有効な方法である[31]。

④ 自己志向的社会学習が自己効力を高める[32]。自己志向的社会学習というのは自己効力を意識的に高めるために、非公式に自分の社会環境に積極的に関わったり自分にとって望ましいと思える社会環境を作り上げたりして、そこでの試行錯誤や観察学習、他人から言語的説得、自分に対する社会的期待の認識などを通じて自己効力向上のきっかけを掴んだり、向上を図ろうとすることである。

⑤ 求職活動支援のためのワークショップ（求職活動に成功したモデルの行動についての4～5分間のビデオを見て、討論とロールプレイングを行う）が失業者の一般的自己効力を高めた[33]。

⑥ 訓練中に起こった出来事や、訓練に参加する前の期待と願望が、自己効力の向上に影響を与える[34]。

⑦ 米海軍新兵訓練で、訓練はアカデミックな自己効力と身体的自己効力を向上させた[35]。

しかしながら、一般に自己効力を高める方法として、私たちが経験的に知っていることは次の2つだ。

a．まず最初は簡単なことから始めて、次第に難しいことに挑戦していく。こうすると、成功（達成）感を得られるだけでなく、実力がついてきた、向上してきたと感じ、自己価値の高まりを知覚してくるようになる。

b．今の自分には難しいと自覚している、難しい問題に挑戦し、それをやり遂げる。このような達成は人に非常に大きな喜びと自信を与える。

バンデューラ[36]によれば、前述のとおり、「人はどのような行動でもうまく実行していくには、すでにもっているさまざまな能力や機能を活用し、成功（うまく処理・対応）することができる自分自身を信頼すること、つまり自らの力を確信することである」。このような確信の程度は、すでに述べたが、次の4つの主要な情報源を巧みに組み合わせることによって高めていくことができるのだ。

① 実際に自分でやって、成功や失敗を直接体験してみること（遂行行動の達成）

② 他人の成功や失敗の様子を観察することによって、代理性の経験をもつこと（代理経験）

③ 自分にはやればできる能力があるのだ、ということを、他人から言葉で説得されたり、その他のいろいろなやり方で社会的な影響を受けること（言語的説得）

④　自分自身の有能さや長所、欠点などを判断していくためのより所になるような生理的変化の体験（つまり生理的症状）を自覚すること（情動喚起）

要するに、自己効力というのは基本的に学習によって獲得されるものだ。しかし自己効力を自分自身の力で高めていくには、その前にさまざまな知識やスキルを十分身に付けなければならない。しかもその知識やスキルというものは、根気よく熱心に長い時間をかけて努力していくことによって、初めて身につくものなのだ。したがって、自分の力で自己効力を高めるには、通常、魅力的な誘因や何か特別な利益、大きな社会的報酬などへの期待を自分に与えてやる必要がある。[37]ところが、あるタイプの人間の場合、さまざまに動機付けをしても明らかに自己効力が減退していくことがあるのだ。

2　一般的自己効力の形成のメカニズム

本章の最後として、2つのタイプの自己効力（一般的自己効力と特定自己効力）それぞれに関して別個に形成要因と影響要因のメカニズムを明らかにし、そして両者を関連づけて体系化することは自己効力の形成と効果のメカニズムを全体的に把握するうえできわめて有益なことである。しかもそれによって、われわれはどの自己効力を高めるには何をどうすればよいのか、またどの自己効力を高めれば何をどう変える（改善する）ことができるだろうかを視覚的に判断することができるだろう。

しかしながら、特定自己効力の形成モデルをまとめることは、その自己効力が何に関するものなのか、つまり無数の特定自己効力があり得るので、困難である。したがってここでは、一般的自己効力に絞って考えたい。

過去の主要な研究成果を簡潔にまとめると、図表1-5のようになるだろう。しかし後述の第2章以降で明らかになるような新たな研究成果を検討すれば、さらに内容の充実した体系化ができるだろう。ちなみにバンデューラが明らかにした上記の特定自己効力形成の4つの源泉は、現在の自己効力に関する研究ではあまりにも重要かつ基本的な基礎である。いうまでもなく、上述したように、特定自己効力の形成・強化は一般的自己効力の形成・強化につながるのである。

以下、一般的自己効力の形成・強化に影響を与える主要な要因として、次の6つをあげたい。ただし、特定自己効力も他の5つによって形成・強化されるが、図表を簡述するために、この関係は省略する。

① 特定自己効力
② バンデューラの特定自己効力形成の4つの源泉
③ 問題解決状況

図表1－5　一般的自己効力の形成・強化に影響を与える主要な要因

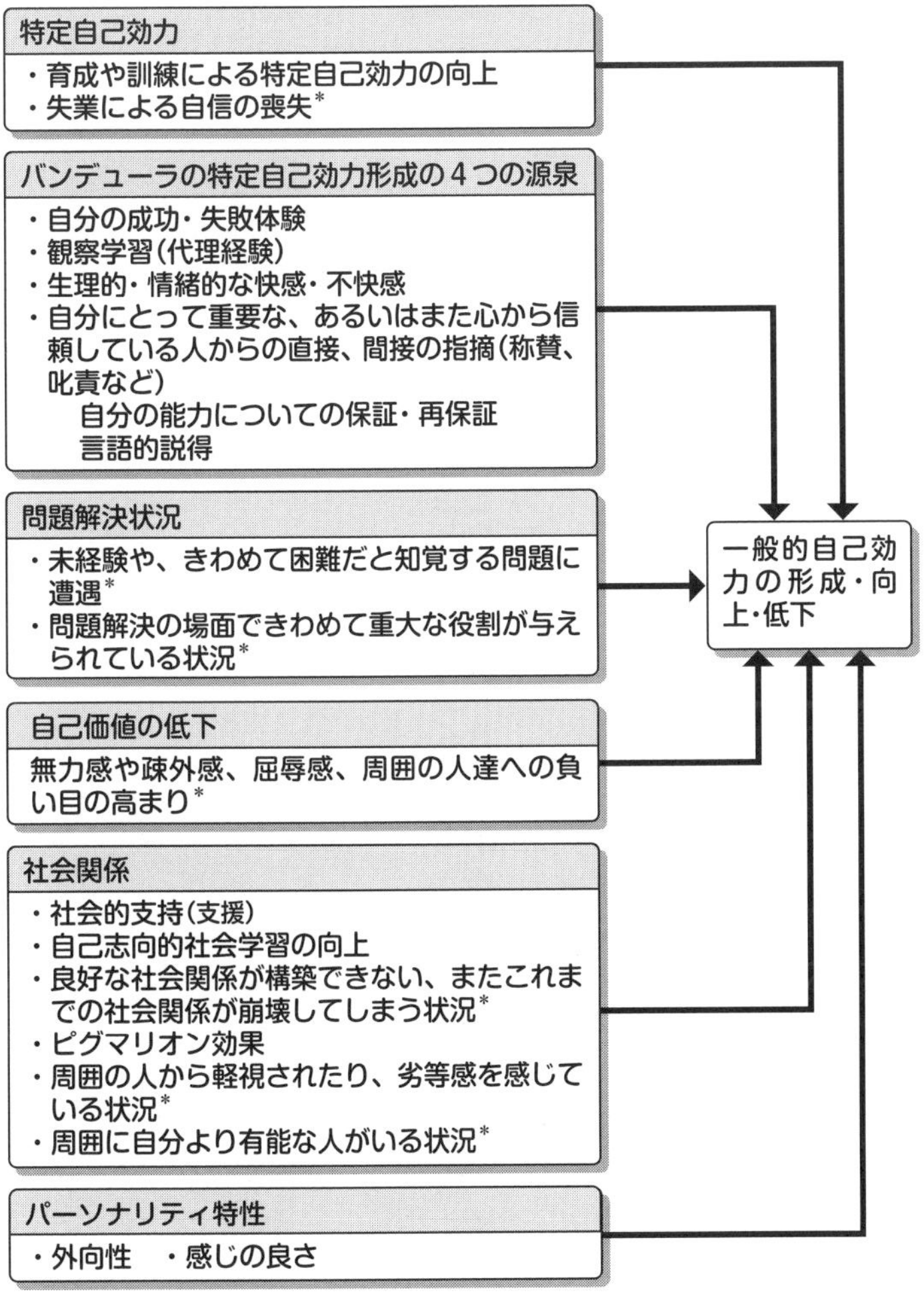

＊の項目は負の影響を示す。他は正の影響を示す。

④　自己価値
⑤　パーソナリティ特性
⑥　社会関係

要するに、少なくとも図表1-5の大別した6要因を通じて、一般的自己効力を高めたり、低下させることができるのである。

Self-Efficacy 5　一般的自己効力の効果のメカニズム

社会的に優れた人、つまり社会的に存在意義があり生産性の高い人とは、一般的にいって高い自己効力をもっている人である。彼らは少なくとも次の2つの特徴をもっているだろう。

①　自分が好きで、自分というものを肯定的に認め、自分の将来を楽観的にとらえ、かつ強い自信をもっている。

②　過去に経験したことがないような状況や出来事、困難な問題に遭遇しても、それを避けようとするのではなく、果敢に立ち向かい、しかもしばしばそれに対する高い問題解決・対処

能力を過去の経験から学習し身に付けている。

自己効力というのは、すでに述べたとおり、非常に困難な問題を解決しなければならないような状況下にあっても、それに積極的に取り組もうという意欲を生む鍵である。まさに自己効力はモティベーションを生む最大の源泉の1つである。しかも自己価値よりも強い源泉だともいわれる。たとえば、小・中・高校生の一般的自己効力と学業成績の関係を過去25年間調べて14の発見がなされた[38]。その発見の多くが基本的に成人にも妥当するといわれる。それによれば、一般的自己効力の高い生徒は、たとえば、

① 自己卑下感よりも自己高揚感を強く示す。

② クラスメートに人気がある。

人気があるというのは人から好意を獲得している状態である。したがって人気のある生徒は周囲の人達との人間関係で成功感（高い対人関係能力）を感じている。その成功感の程度は自己価値とも連動している。そもそも自己価値の高い生徒は自信があり、外向的で、人気を獲得・強めるような行動をとる傾向がある。

③ 幸せでモティベーションが高い。

一般的自己効力の高い人は一般的自己価値も高い傾向がある。一般的自己価値の高い人は、勉強や仕事、生活に意欲的に取組み、粘り強く努力する傾向があるのだ。

④ 成功（高い学業成績）を自分の能力や努力の結果だと考える。他方、失敗を自分の能力不足や努力不足の結果だと考える傾向がある。つまり結果はすべて自分のせいにするのだ。

しかもこの研究からは、一般的自己効力の高い生徒ほど、「自分は有能だ」という自己知覚を持っていて、自分の成功を信じていた。

⑤ 明確に自己主張することができる。

一般的自己効力の高い生徒はだいたいにおいて人間関係に自信をもっており、知らない人とのコンタクトでも大胆である。というのも、彼らは自己肯定的で、自己主張も明確にでき、人間関係のリスクも避けようとはしない。

⑥ 実際に達成できる程度の高い目標を設定する傾向が強い。

それは、高いが達成可能な目標が自分の成功体験を強め、達成感を満足させ、自尊心を満たしてくれるからだ。他方、一般的自己効力の低い生徒はだいたいの場合において楽に達成できる目標を設定するか、誰も達成できないような高い目標を設定する傾向がある。

⑦ 学校生活で多くのポジティブな経験をしている。

中途退学者の3分の1は多くのネガティブな体験のせいで退学し、他の3分の1は成績不良で退学しているという調査結果もある。

⑧ タスク（勉強課題や宿題）の達成に粘り強く取組み、何とかして解決しようとする。

一般的自己効力の高い生徒は自分の勉学能力に自信があるから、たとえ難しいタスクでも果敢に挑戦しようとする。

⑨ 自立心が強く、他人の支援を拒む傾向が強い。

⑩ 好奇心が強い。

⑪ イントリンシック・モティベーション（イントリンシックな報酬（達成感、成長感などの自己実現欲求を充足させること・もの）によって喚起される課題や仕事・勉強の遂行・達成への意欲）が強い。

一般的自己効力の高い生徒は難しいタスクをやり遂げ、達成感を得たいという意欲が強い。しかし一般的自己効力の低い生徒はエクストリンシック・モティベーション（エクストリンシックな報酬（人間関係や認知、給料、昇進、労働条件などの改善によって生存欲求や安全欲求、社会的欲求など低次の欲求を充足させること・もの）によって喚起される課題や仕事・勉強の遂行・達成への意欲）の方が強い。

このように、一般的自己効力というのは実際さまざまな効果をもっているのだ。一般的自己効力がどんな効果や意義をもっているのかについて、これまでの研究成果で主要と思われるもの（詳細は後述）をあげるだけで、きわめて複雑な図表ができあがるだろう。したがって、このような複雑な体系化はここでは割愛する。

ところで、一般的自己効力がさまざまな要因に与える影響プロセスは、単純に直接的な関係でもなく、直線的な関係でもないかもしれない。少なくとも、その影響プロセスではモデレーター（調節要因−ここでは、組織メンバーを想定）の干渉可能性も想定すべきである（図表1-6）。

Self-Efficacy

まとめ

人の充実した人生の決め手（鍵要因）が自己効力という概念であり、自己効力理論である。この概念そして理論の重要性がなぜ今改めて論議の的になっているのかというと、その原因は自己効力理論が2つの特徴をもっているためである。とりわけその実践的な問題解決能力が研究者の間で広く認められてきたからである。この自己効力は大別すると、一般的自己効力と特定自己効力がある。しかもこの自己効力という概念は階層性をもっているようである。

自己に関わる諸概念のうち代表的な概念と、自己効力の関係を考えてみると、まず自己効力は自己概念の主要な構成要素である。のみならず自己効力は自己概念の形成に強い影響力をもっている。さらに自己効力は自己価値とアイデンティティとも密接な関係があるようである。

特定自己効力は無数に存在するので、その向上策を逐一論ずることはできない。しかしバンデューラは上述のような4つの基本的な方法（源泉）を明示している。無数の特定自己効力の

図表1－6　一般的自己効力の基本的な影響プロセス

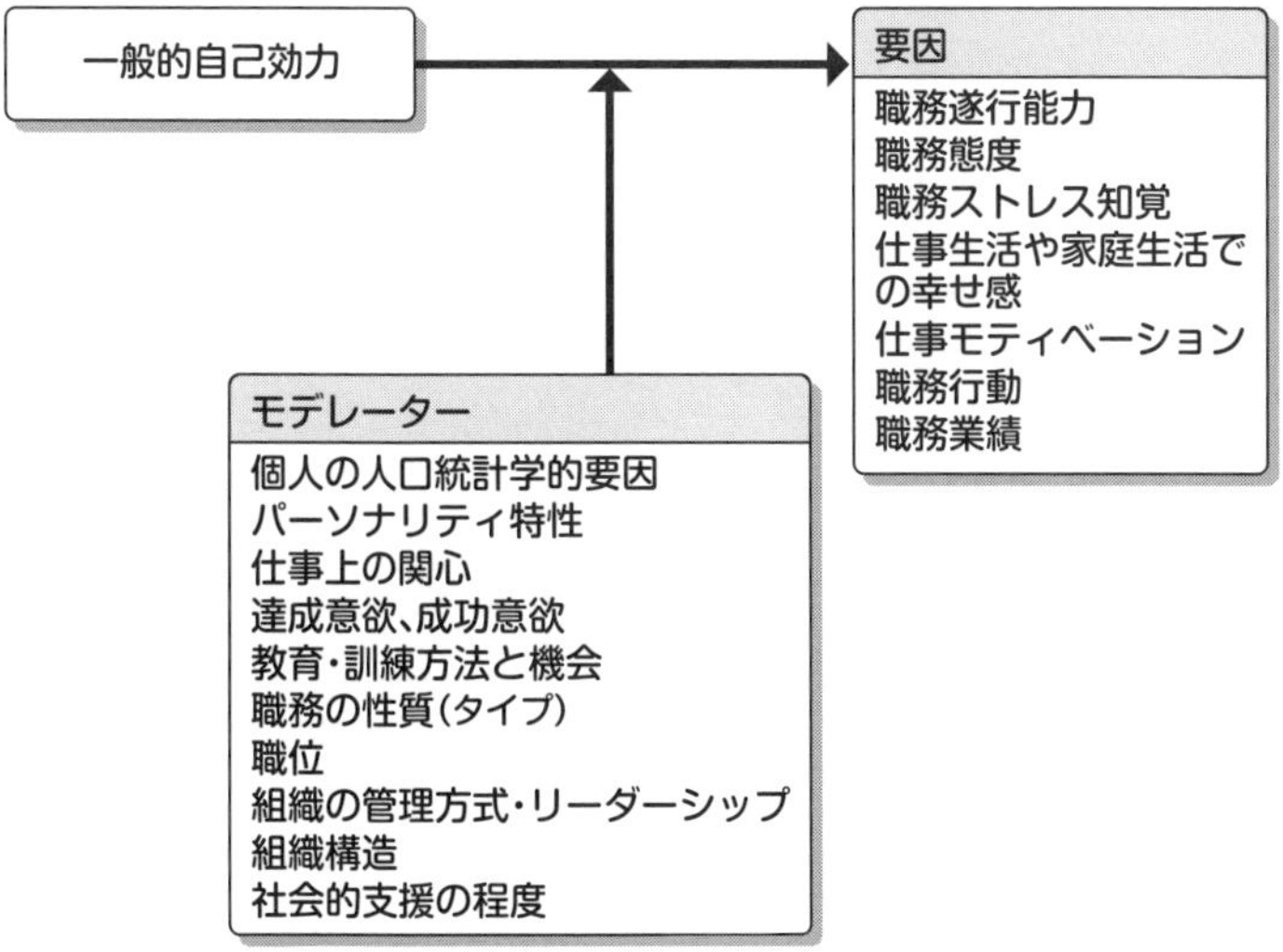

総和である一般的自己効力を高めるうえでも、教育訓練が効果的である。

自己効力の向上策と同様、特定自己効力の形成モデルをまとめることは、また無数の特定自己効力があるので、困難である。したがって、一般的自己効力に絞ってその形成要因を簡潔にまとめると、図表1-5のようになるだろう。しかも第2章以降で明らかになるような新たな研究成果を検討すれば、さらに内容の充実した体系化ができるだろう。一般的自己効力の形成・強化に影響を与える主要な要因として、ここではとりわけ次の6つの要因をあげた（特定自己効力、バンデューラの特定自己効力形成の4つの源泉、問題解決状況、自己価値、パーソナリティ特性、社会関係）。

最後に、一般的自己効力は職務遂行能力、職務態度、職務ストレス知覚、仕事生活や家庭生活での幸せ感、仕事モティベーション、職務行動、職務業績に強い影響力がある（図表1-6）。しかし一般的自己効力がこれらの要因に与える影響プロセスは、単純に直接的な関係でないかもしれない。少なくとも、その影響プロセスではモデレーターの干渉可能性も想定すべきである。ちなみにそのモデレーターは、どのような場で一般的自己効力の作用を理解しようとするのか、またどのようなタイプの特定自己効力の影響プロセスを解明しようとしているのかによって、さまざまに異なるだろう。ちなみに本書は組織メンバーを想定している。

一般的自己効力とは異なり、●●に関する自己効力つまり特定自己効力は無数存在すると上述したが、それでは表現が冗長になるために、本書では以下、簡潔に●●自己効力と表す。また以下において仕事自己効力と職務自己効力を使い分けているが、前者は仕事一般を対象にし、後者は特定の職務を対象にしている。

第2章

自己効力と能力・欲求・性格・考え方

人間の行動は直接にはモティベーションによって決定される。モティベーションというのは行動を直接喚起する力である[1]。能力や欲求、性格、考え方、そして態度を理解することはモティベーションの理解に通じる。したがって、現在の能力や欲求、性格、考え方を理解することは将来の行動の予測を助ける。現在の能力や欲求、性格、考え方がどのようにして形成されてきたのかについては正確にはまだよくわからないが、たとえば組織メンバーの欲求構造は個人的要因（性別、年齢、先天的能力などの固定的要因と、学歴、価値観、関心など準可変的要因）と組織的要因（組織構造、管理方式、職務内容、職位など）が複雑に絡み合って、その人固有の欲求構造が形成され、また変化していくのである[2]。

しかし現在、自己効力というパーソナリティ特性が能力・欲求・性格・考え方の形成・変化に強い影響力をもっていることが明らかになっている。

Self-Efficacy

1 自己効力の効果

1 自分のスキルに自信がある人は、自らの行動を律することができる

ジンバルドー（Zimbardo, P.G. 1933年米国生れ、1959年にイェール大学で社会心理学の分野でPh. D. を得、1968年よりスタンフォード大学心理学教授。現代の人間生活と心理学の関わり合いに焦点を置き理論的かつ実践的に多彩な活動に従事）は、セルフ・コントロール（自己制御力―自分の心と身体の状態を自らコントロールすることができる力）を知覚するうえで基本となるものは自己同一性（セルフ・アイデンティティ―第1章2節3項参照）であるという[3]。このアイデンティティが確立していない、あるいはまたアイデンティティ・クライシスの状態（本当の自分が見出だせない・わからない、自分の本当の生き方がわからないといったことに関わるさまざまな心理的な葛藤にさいなまれている状態）にある人は、セルフ・アイデンティティを一時的に放棄することによって心理的な葛藤状態から逃避することができるのである。

しかしこのような状態を長く続けることは、人にはできない。このセルフ・アイデンティテ

ィを構成する、あるいはそれに強い影響を与える概念の中で自己効力に注目したのがバンデューラである。自己効力はセルフ・コントロールを高める。バンデューラ[4]によれば、自らの行動に自ら影響を及ぼすということは、意思の力だけではできるものではない。自らを調節できるようになるためには、自分自身の行為という道具が必要なのであり、自ら確信をもってそのような行為を有効に活用していくことが必要なのだ。自分の行為を適切にコントロールする能力を疑うものは、自らの力をふりしぼって努力しなければならないときに、すぐにくじけてしまうものである。ダイエットに失敗する女性がこの典型である。また、さまざまな中毒症状（麻薬、ニコチン、アルコールなど）には「再発のプロセス」というものが共通にみられるといわれる。これは自己効力の低下が原因で起こる、自分の行動を調節していくことができなくなる過程のことである。困難に立ち向かっていくために必要な強さの自己効力をもち、自分で物事を解決できる人は、たとえ大きな危険を伴う状況の下でも、成功するために一生懸命努力していく。しかし、自分には能力があるということを信じられないために、困難に立ち向かっていくのに必要なスキルを十分に活用できない人は、すぐにくじけてしまい、失敗の繰り返しとなってしまう。

このように、自己効力が低下していて、何をやってもどうせ自分にはうまくできないと思ってしまっている人は、一般に自分の行為を調節していくために必要なスキルや知識が欠けているから自分にはできないと思いがちである。このような人には、さらに困難な出来事に立ち向かっていこうとする努力はみられなくなり、自己制御の機能はまったく失われてしまうことになるのである。

2 自分の能力を信じる人は仕事ができる管理者になれる

自己効力は管理能力を高める。バンデューラは、知識やスキルは成功するためには必要なものだが、自分がもっている能力を行為に結び付けることができるという信念（自己効力）がなければならないという。自己効力は能力を高め発揮させるうえできわめて重要なものだ。

企業のトップとミドルの管理者の4つの能力は自己効力と関係があるといわれる。[5] この4つの能力というのはリーダーシップ能力、議論を導く能力、自分の考えを表現する能力、友情関係を育て上げる能力である。これによれば、

① この4つの能力それぞれで高い評価を得た管理者には次の3つの特徴があった。

a．強い自己効力をもっていた。自分は有能で効率的で、そして与えられた課題は何でもやり遂げることができるという、強い自信をもっていた。

b．現在の地位を守ることが、自分にはできるという強い自信があった。

c．いわゆる自信家にしばしばみられるような、マキアベリ主義（1469～1527－イタリア、フローレンスの政治家・政治学者のニッコロ・マキアベリが主唱した「目的のためには、

たとえ非倫理的な方策であっても、手段を選ぶな」という思想）の尊大さをもっていない。

② 逆に、各能力での評価が低い管理者には次のような4つの特徴がみられた。

a. 自己価値が著しく低い。

b. 自己防衛的で、シニカルで、批判的で、非協力的な傾向があった。

c. 自分自身を非常に嫌っていた。確かに、自己価値の低い人は自分自身を非常に嫌悪する傾向がある。

d. 他人に強い不信感をもっていた。他人は自分を困らせ、自分を何とか利用しようと悪巧みをしていると信じていた。

要するに、高い能力をもっている管理者は強い自己効力をもち、自己価値も高いようである。しかしながら、この研究では、能力が自己効力を形成するのか、自己効力が能力を形成しているのかという因果関係についてはまだ正確にはわからないが、両者は相互作用関係にあると考えられる。

確かに、一般的自己効力は特定自己効力（管理自己効力も含む）との間に、また特定自己効力の間にも強い相互作用関係が推測できる。たとえば職務自己効力が創造的自己効力の最強の決定要因であったし、[6] また訓練前の自己効力が訓練後の自己効力に強い影響を与えていた。[7]

要するに、自己効力が能力に与える影響関係は基本的には次の4つのパターンだろう。

① 一般的自己効力→能力
② 一般的自己効力→特定自己効力→能力
③ 特定自己効力→能力
④ ある特定自己効力→他の特定自己効力→能力

3 仕事に自信をもつと対人関係能力が高まる

社会的自己効力というのは他者との間のヴァーバル（言語的）およびノンヴァーバル（非言語的）なコミュニケーションを用いて人間関係を形成・維持・発達させていくことに関する自己効力のことである。つまり社会的スキルに関する自己効力のことである。この社会的自己効力は一般的にいって、社会化プロセス（個人がある集団の一員になるために、その集団で必要とされる価値観や規範、考え方、知識、スキル、態度、行動などを漸次獲得し、その集団の一定の許容範囲内の行動様式を身につけていく過程）を通じて発達していく。そのさいとりわけ重要な点は、その人の個人的要因（価値観、欲求、関心、能力、スキル、性格など）である。

この社会的スキルは仕事のうえでさまざまな局面に非常に大きな影響を与えている。米国政府の資金を使った夏期体験学習プログラムでさまざまな業種の雇用主30人が178人の高校生（中西部の首都にある高校に在学―働いた平均時間は158・80時間）に賃金を支払って雇用した結果を調べた研究がある。[8] 雇用主の評価によれば、たとえ体験学習とはいえ、若者の職務業績評価は職場での外見と密接な関係があった。きちんとした外見の学生の場合、とりわけ職務業績評価の重要な次元である2つの社会的スキル（オーラルなコミュニケーション・スキルと、文章表現力）が仕事に主導性を喚起し仕事の量と質の増大を生んだと考えられる。

高校生はそもそも仕事自己効力が高いとは考えられない。しかしそれが低くても、社会的スキルの高いものは高い仕事成果を生んでいるのである。もし仕事自己効力が高い、あるいはまた一般的自己効力が高い若者であれば、社会的スキルはより大きな仕事成果を生み出すことが推測できるのである。

4 社会的自己効力を高めると、e-ラーニング・スキルが高まる

コンピュータ・ベースの訓練方法が開発されてから約20年、職場ではe-ラーニングが不可欠なものとなり教育上さまざまな手段（e-mail,Skype calls,ブログ、チャットなど）が開発・採用されている。このような状況では質の高い知識労働者とくにe-ラーニング専門家がますます求められてきている。e-ラーニング専門家の仕事成果を決定づける社会的スキルを開発・向上させる要点が明らかになった。[9] それは英国マンチェスターにある3つの大学のスタッフを4年間定性的に調査したものである。それによれば、次のことが明らかになった。

①優れたe-ラーニング専門家たちの間には次の傾向がみられた。
a．教育上のコミュニケーションに関わるさまざまな技術へ積極的にアクセスできる高い能力。

b．学習の仕方やe-ラーニングに関わる有意義な対話に前向きの態度とそのチャンスの存在。

c．実際の学習環境に積極的に参加できる高い能力。


つまりこれらが社会的な結びつきを形成しているのである。この社会的な結びつきがナレッジ管理者やナレッジ・ファシリテーターが同僚や学習者、他のオンライン・パートナーたちと協働して、異なるスキルと相互作用関係を作り上げるのである。そしてその結びつきがさらにそれらの能力を強めていくのである。

②e-ラーニング専門家に必要な核となる社会的スキルというのはコミュニケーション・スキル、ネットワーキング・スキル、協働スキルの3つである。これらが社会的な結びつきプロセスの中に基礎として組み込まれている。

③社会的な結びつきというのはe-ラーニング・サイクルの段階でもある4つの主要な開発戦略（創造的生涯学習、環境適応、システム志向、コミュニティ・メンバーシップ）から形成されている。この社会的な結びつきによって、e-ラーニング学習者や従事者がナレッジ・ファシリテーターになっていくのである。

要するに、e-ラーニング・スキルを形成・高度化するには、社会的な結びつきを形成・発展させることが不可欠なのである。しかも社会的自己効力が高い人ほど、社会的スキルが高くなるので、そういった人物ほど、知識労働者として成功する可能性が高いだろう。

5　社員の知識自己効力を高めると、組織の情報処理能力が高まる

ナレッジ・マネジメントというのは今日、ほとんどの組織にとって戦略的管理に不可欠な道具であり、持続可能な競争優位性の主たる源泉となっている。このナレッジ・マネジメントというのは現在のまた将来の知識要求を満たし、既存のまた獲得すべき知識資産を識別・開発し、新しいビジネス・チャンスを開拓するために必要なあらゆる知識を統合的に管理するプロセスを指す[10]。このプロセスを運用していけば、時間が経つにつれて、組織メンバー間で知識が共有され、組織の中に知識が蓄積されていく。ナレッジ・マネジメントの目的は組織全体で有効な知識を共有し、それを有効に活用していくことである。

ナレッジ・マネジメントの発達モデルは3段階（創始、発展、成熟）で表すことができる。その創始段階というのは、企業はナレッジ・マネジメントの潜在的なメリットを正しく認識し、それを実行し始める。発展段階、つまり実行中の段階というのは、知識の獲得、変換、適用、保護といった諸活動を組織全体で実行していく。この段階では、とくに知識の移転（伝達）戦略、人的資源政策、ナレッジ・マネジメントのシステムの効率的、有効な構築・運用が求められる。

成熟段階、つまり制度化の段階というのは、ナレッジ・マネジメントのプロセスが組織の全体としての有効性を改善していき、ナレッジ・マネジメントがもはやなくてはならないシステムとなり、その一層の効率化と有効化が図られていく段階である。

このナレッジ・マネジメントの発達の基本的な決定要因は知識自己効力、コミュニケーションのオープン性、知識の共有を促進することによる個人的な利益の3つである。知識自己効力というのは、メンバーが組織にとって重要な価値のある知識を創造し提供することができる自分の能力について下す自分の判断のこと、つまり知識の共有促進に関する自己効力のことである。すでに、その自己効力が高い人は同僚たちに知識を提供したり、同僚たちから知識を収集する傾向、つまり知識共有度が高いことがわかっている。また自分が価値のある知識をもっていて他の人たちと共有していると信じている人ほど、知識管理の発達に貢献している人たちである。

しかし、この3つの要因が本当に知識管理の発達に貢献しているのだろうか。台湾の製造、小売り、金融の業界の241社からCEO53名，管理／財務マネジャー50名などの上級管理者241名を調べた研究によれば、知識管理の発達段階それぞれで重要な貢献要因が異なっていた。たとえば創始の段階では、とりわけ社員の知識自己効力と知識管理の質が重要な働きをし、発展段階ではとくにトップ・マネジメントの支援、知識共有の組織文化、企業規模の3つが重要な働きをし、最後の成熟段階では、とくに2つのICT要因（知識管理システムのインフラストラクチャー、知識管理システムの質）が重要な働きをしていた。社員の知識自己効力が高くても、それは知識管理の創始の段階だけでとくに重要な働きをしているのにすぎなかった。つまり社員の知識自己効力を高めるだけでは、知識管理システムの創設・維持・発展を実現することはできないのである。

しかしながら、知識の共有それ自体は集団や組織の業績を改善するために必要かつ重要な情報を全員に活用させることを基本目的としており、それは本来1つの社会的相互作用の文化の結集でもある[11]。つまり集団あるいは組織、社会全体で知識や経験、スキルを共有することを意味する。組織メンバーの場合、他のメンバーが重要な情報にアクセスでき、知識のネットワークを形成し活用できるシステムを構築することが求められる。他方、組織にとって、知識の共有は管理者層間の経験を一般社員たちと共有し合い、その知識を仕事に活かし業績を高めることが求められる。すでに多くの研究から、知識の共有が組織においてイノベーションの努力と成果を高めると同時に、各人の無駄な学習努力を減じるために不可欠であることが明らかになっている。

知識自己効力が組織メンバーに欠如していると、他のメンバーと知識を共有できないという不安や恐怖を引き起こす。彼らの不安や恐怖は、知識の不十分な共有が自分のパワーや地位、立場を脅かすものと見なすため、生まれる。彼らはしばしば他のメンバーが自分をどのようにみたり評価しているのか、自分に間違った情報を与えていないか、自分を陥れようとはしていないかなどと不安に駆られるものである。したがって組織はメンバーたちに、知識を形成し、それを共有するために必要な公式、非公式な時間と場を与えることがきわめて重要である。

しかし知識の共有は基本的に個人の特徴（主に経験や価値観、モティベーション、信念）に依存するものである。それだけに、組織が一方的にその共有を推し進めることはなかなか難しいのである。そこで現在、知識の共有の効率と有効性を高めるために、組織はICTを活用する。またそれだけでは不十分なので、メンバー個々人の知識共有の自己効力、そのモティベーション、職場や仕事上のコミュニケーション関係、知識共有を奨励するための金銭的な刺激・報酬や昇進のシステムの整備がとくに重要である。

したがって、組織内部での知識の共有には個人的な障害、組織的な障害、技術的障害という3つの障害がある。この3つの障害のうち、本当に知識の共有を妨げている要因を明らかにしようとした研究がある。[12]マレーシアのUitm Kedahの事務職員156名をサンプルとした。研究結果によれば、メンバーたちの知識自己効力の程度やICTの不十分さは組織内部での知識の共有にはまったく影響していなかった。しかし組織的報酬の欠如のみがこの組織の知識の共有を妨げていた原因であった。組織的報酬は知識共有のモティベーションの源泉であった。マレーシアの今回のサンプルたちは報酬が得られなければ、組織内で知識や情報を共有しようとはしないのである。つまり組織内部での知識の共有はメンバーの知識共有の自己効力と、ICTの整備だけでは実現できないのである。

このように、知識の組織的共有は組織文化に強く影響付けられているようだが、メンバーたちの知識自己効力や知識共有のモティベーションの重要性も看過できないだろう。

6　社員の創造的自己効力を高めると、彼らの創造力が高まる

今日のように、国内外の製品や資源、金融市場などの不確実性が高まっている状況で生きていかなければならない企業にとって、従業員の創造力開発は死活問題といえる。それが企業の革新の源であり、革新し続けることで生存と発展の基盤を固めていかなければならないからだ。なお、創造力の定義や創造的自己効力そのものの形成については本章2節2項で詳述するが、ここでは創造力の形成について考察する。２００９年に次のようなモデルが開発された[13]。組織メンバーの創造力は、組織の創造力開発支援、組織メンバー個人の創造的自己効力およびリーダーシップ開発の3つの変数によって規定される。このモデルの主張は、組織メンバー個人の創造力というのは、組織の創造力支援と組織メンバー個人の創造的自己効力によって直接に形成・発揮されるものだが、そこには組織あるいはまた上司のリーダーシップ活動がモデレーター（調節器）として働いているということである。したがって組織は組織メンバーの創造力を形成・発揮できるようにリーダー自身に適切なリーダーシップスキルと活動を開発すべきである。後述するが、このリーダーシップ開発には、成人対象の開発と若者対象の開発がある。成

人対象のリーダーシップ開発というのは、組織の創造力開発支援と個人の創造力形成と発揮の関係をモデレートする。他方、若者対象のリーダーシップ開発というのは、個人の創造的自己効力と個人の創造力形成と発揮の関係を調節する。組織メンバーに求められる創造力というのは、ここでは本章2節2項のアマビールのような一般的な定義ではなく、組織にとって重要な問題を解決し組織の有効性を高めるために新奇で役に立ち、かつ適正なアイディアを創造するプロセスのことである。このモデルを図表化すると、図表2-1のとおりである。

メンバーが知覚した組織の創造力開発支援というのは、彼らが創造力の発揮に対して組織から認知や尊敬、自律性を獲得し、報酬や一層の奨励が与えられているかで評価される。その具体的な支援策としては、組織が民主的かつ協働的なリーダーシップ活動をどの程度採用しているのか、組織構造が機械論的かつ集権的というよりもどの程度有機的で分権化しているのか、訓練がアイディア開発や問題解決スキルの向上に力を入れているのかなどである。またリーダーシップ開発というのは、そもそも個人にリーダーシップの役割を積極的に担い行使できる能力を開発・強化し、そして集団もしくは組織の高い業績を達成させるプロセスのことである。したがってリーダーシップ開発は組織メンバーの創造力の形成と発揮を開放するための鍵である。成人対象のリーダーシップ開発プロセスはメンバーが自らリーダーになることを選択するか、あるいは組織から求められるかのいずれかによって開始される。他方、若者対象のそれは、組織が若者を将来のリーダーとして育成しようとすることから始まる。そのさい重要なことは、

図表2－1　リーダーシップ開発と創造力の関係

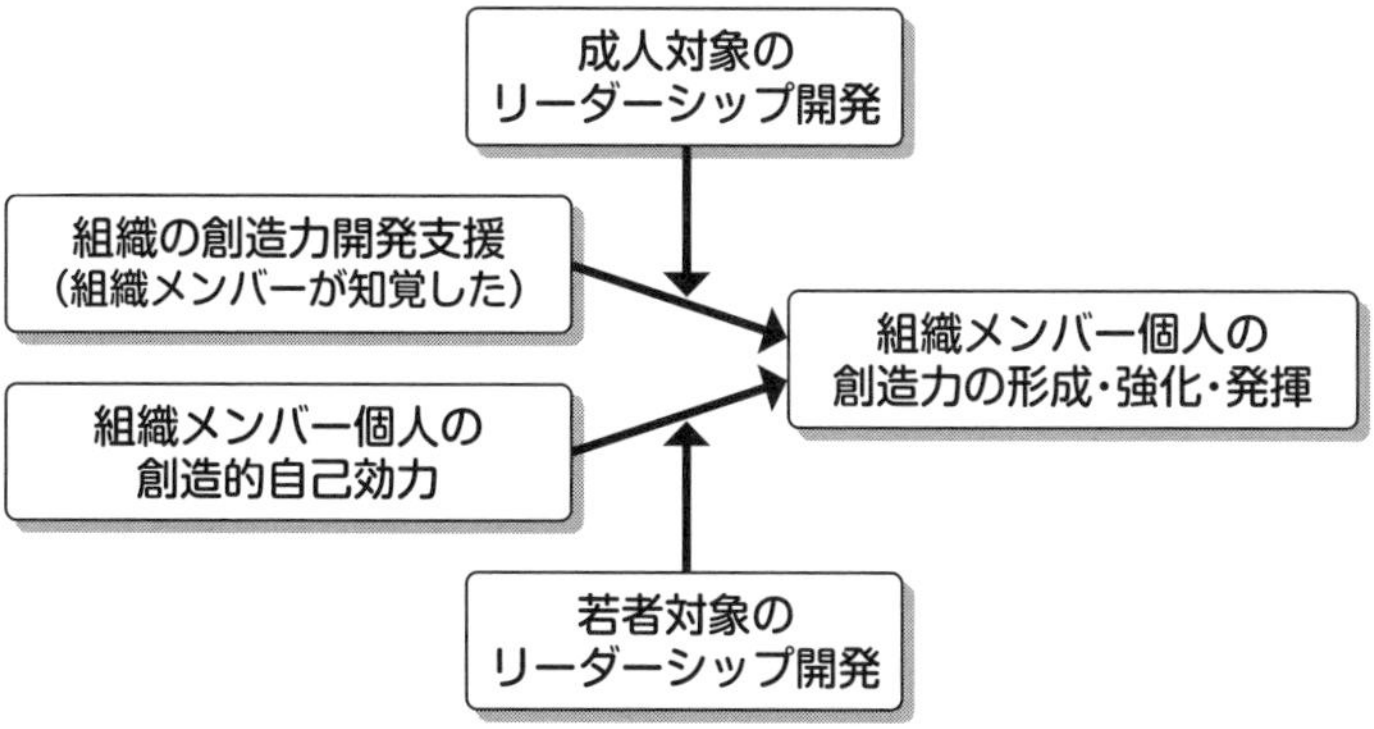

出所：Hougton & DiLiello. 2009: 231.

若者に他人を有効にリードしていくのに必要なコンピテンシーズを獲得させるためにさまざまな経験を公式、非公式にさせることである。したがってその焦点は、成人対象の場合よりも、知識とスキル開発に強く置かれるのである。

　このモデルは米国防衛省内部で、アップル・コンピュータやGEのように利用可能なすべての創造的資源を用いて米国陸軍の軍事的優位を維持することを使命とする機関の職員693名（平均年齢約46歳、平均勤続年数約12年）をサンプルとして検証された。その結果、以下のことが明らかになった。

①　創造的自己効力の高い人ほど、創造力が高かった。

②　組織の創造力開発支援を強く知覚している人ほど、創造力が高かった。

③　成人対象のリーダーシップ開発活動に積極的

に関与している人ほど、組織の創造力開発支援を強く知覚すれば、創造力も向上した。

④ 若者対象のリーダーシップ開発活動に積極的に関与している人ほど、組織の創造力開発支援を強く知覚すれば、創造力も向上した。

要するに、この研究結果によれば、成人対象のリーダーシップ開発活動も若者対象のそれもともに組織メンバーの創造力を形成・発揮させるうえできわめて重要な働きをしていることがわかった。その成人対象の活動は、組織的支援の知覚が組織メンバー個人の創造力発揮に強い影響を与えていた。若者対象の活動では、とりわけ子供時代のリーダーシップ活動の経験が成人になってからの自己の創造力発揮を促進していることもわかった。

この研究は、企業が実際に、従業員の創造力を高め発揮させるためにはどうすればよいのかを明らかにしている。つまり、企業は従業員にリーダーシップ開発の機会を積極的に与え、創造的な活動を組織的に積極的に支援することが不可欠なのである。

7 自分の性格や考え方を変えたいなら、まず自分の能力を信じることが不可欠である

自己効力は性格や考え方を変える。自己効力の高い人はそうでない人とはどうも違った性格

や考え方をもっているようだ。

トップとミドルの管理者を4つの能力に関して協働者に評価させた研究がある。[14] 評価の基準は本章1節2項であげた4つの能力である。その結果、管理者たちは次の4つのタイプに分かれた。

① 1つ目は、すべての能力で高い評価を得た管理者「スター」
② 2つ目は、社会的能力以外はすべて高いと評価された「テクニカルな管理者」
③ 3つ目は、社会的能力だけが高いと評価された「社会的な管理者」
④ 残りは「問題外の管理者」、と命名された。

「スター」は他の管理者グループよりも、強い自己効力をもっていた。また彼らは自分には今の地位に就く能力があり、かつその地位を守ることができると思っている。「テクニカルな管理者」に分類された人達はよいアイディアやその表現力をもってはいるが、他人と協力し合って何か問題を解決するといったチーム作業が不得手であった。「社会的管理者」と呼ばれる人達は周囲の人達に自分を認めてもらい支持してもらうことにだけ強い関心があった。最後に「問題外の管理者」は自己効力も自己価値も顕著に低く、他人に対して防衛的で、辛辣で、シニカル、批判的、非協力的な人達であった。彼ら自身、自分を非常に嫌っていて、同時に他人に強い不信の念をもつ傾向が強かった。

　このように、何についての自己効力がどのくらい強いと思っているのかが、その人の態度や考え方、行動に強い影響を及ぼしているようだ。確かに、同僚から仕事ができる（生産性が高い）と評価された管理者はそうでない管理者よりも、自分の能力に強い自信をもち、仕事上関わるさまざまな人（上司、同僚、部下、顧客など）を基本的に信頼し、仕事への集中力が高かった。[15]しかも彼らは他人からの批判を「当然あっておかしくないもの」と考え、それを自分の改善の糧にしていた。他方、同僚から仕事ができないと評価された管理者は能力が低くないにもかかわらず、自信がなかった。彼らは自分の努力に対して他人の同情や称賛や金銭などの報酬を求める傾向が強かった。しかも他人からの批判にはきわめて敏感で、どんなものでも自分を傷つけ苦しめるものと見なし、自分という人間を否定しようとするものだと考える傾向があった。

　要するに、管理者というものはどんな障害や妨害にあっても、困難な目標であっても、自分自身と自分の能力を信じ、部下たちを信じ、彼らの活動を目標に向かって方向付け、意欲を喚起し強めることができる人間でなければならない。つまり、管理者は強い自己効力をもつべきであり、強い自己効力をもっている人がなるべきである。自己効力は性格や考え方にも強い影響を与えているようだ。

Self-
Efficacy

2 自己効力を高める方法

1 状況にふさわしい積極的な「行動-反応」を学習すると社会的自己効力が高まる

人は特定自己効力を高めるために基本的に次の3つの方法を用いているといわれる。[16]

① 達成可能な目標を設定する。
② その目標を達成するために現実的な方法をとる。
③ その実行からのフィードバックを評価する。

これらの方法は他人と良好な対人関係を形成・維持・高度化するうえでも、有効だと考えられる。ジンバルドーは、精神科の患者たちの治療のために社会学習理論の立場に立つ医師たちが新しい社会的スキルを形成したり、また問題行動を克服するために行動リハーサルや認知的リハーサル、社会的スキル訓練を強く提唱しているという。この社会的スキル訓練は行動変容技法（行動修正技法や行動療法と同義であり、問題行動や不適応行動、病的行動を学習心理学の立場から改善しようとする心理治療の方法）の多くを用いて、基本的な社会的スキルとりわけ適切な積極性の修得を目指している。このような治療の現場でも、状況にふさわしい積極的な反応をとれるように学習することが重要なのである。相手に対して積極的に適切な行動をとることはまさに社会的自己効力を高めることにつながるのである。

しかしながら最近、社会的スキルを形成し適切に発揮させるには次の5つの基礎的要因が不可欠であると主張されている。[17] これらの関係を図示すると、図表2-2のようになるだろう。

① 相手や周囲の人たち、周囲の状況に対する適切な感受性
② 社会規範の理解と順守
③ ある特定の状況で最も適切な対応は何かを認識し、それを実行する能力
④ 他人からの情報フィードバック（情緒的反応も含む）を正しく理解する能力
⑤ 相手の行動を変容するために、相手に対して適切に情報フィードバックができる能力

しかもこれら5つの要因を高め、社会的スキルを発達させるのに有効な訓練方法がすでに開発されているとフリーマンらは指摘している。

要するに、病人であれ健常者であれ、何か目的（目標）を立て、それを達成しようとすると、通常はそれに関する特定自己効力というものが促進要因あるいは障害となる。障害があれば、

図表2－2　社会的自己効力の形成・発達プロセス

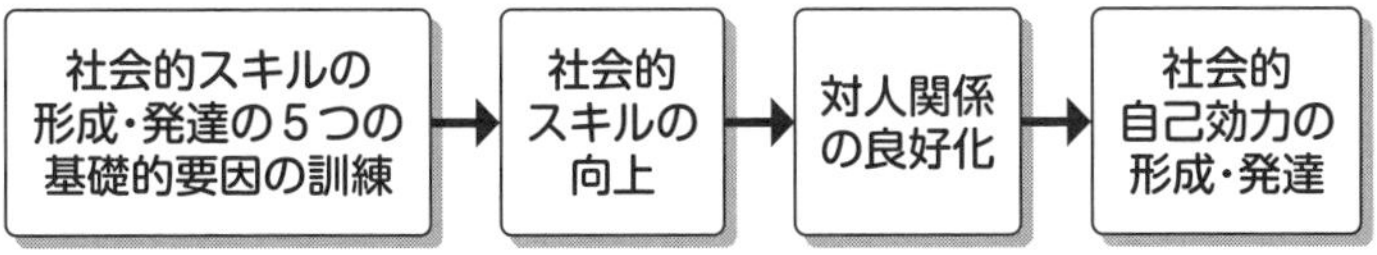

それを克服するために積極的な行動を起こさなければならない。他人との間で良好な人間関係を構築する必要があれば、少なくとも社会的スキルに関する自己効力を高めることが不可欠である。社会的自己効力の向上は、ただ人間関係そのものの改善のみならず、人間関係に基づくさまざまな出来事や問題を解決していくうえでの基盤でもある。

しかしながら最近、社会的自己効力の形成が家族関係や生い立ち、性別に強く影響されているという研究がある。人の兄弟構成や家族数、親子関係、兄弟関係は個人の心理的発達の重要な決定要因である。とくに兄弟構成がパーソナリティや知能、他のさまざまな行動特徴を生むことが知られている[18]。たとえば、米国では、一人っ子は兄弟からの影響や相互作用の機会がないから、心理的発達の見地から不利であると信じられている。つまり一人っ子は自己中心的、私利私欲が強い、寂しがり、社会への順応性が低い、人にあまり好かれないといった特徴があるというのだ。しかし最近、社会的スキルは兄弟がいるかいないかよりも、性別に強く影響されていることが明らかになった。米国のある州立大学の学部生と大学院生、計197名をサンプルとして社会的スキルを次の6つの構成概念の合計点で測った研究がある。感情表現力、情緒的感受性、感情のコントロール力、社会的表現力、社会的感受性、社会的コントロール力。パーソナリティの測定にはアイゼンク・パーソナリティ質問票を使用した。それによれば、

①「一人っ子は、心理的発達の大事な時期に兄弟関係をもっていないから、社会的スキルが十分に発達できない」という社会通念があるが、これは支持されなかった。この理由としては、一人っ子は、兄弟がいないぶん、親子関係が親密になる傾向が強く、そこから社会的スキルを発達させていくと考えられる。

②パーソナリティと社会的スキルを性別で比較すると、

a．男性の方が、精神病的傾向と感情のコントロール力が非常に強かった

b．女性の方は、感情表現力と社会的感受性が非常に強かった

この発見は、他の研究者からも支持されている[19]。それは女性の方が社会的スキルが高いようだという。サンプルはレバノンのベイルートにある銀行、出版社、政府機関など13セクターの組織の従業員225人（男性107名、女性118名、34歳以下180名、管理者91名）である。研究結果によれば、女性は男性よりも自己認識が高く、感情移入が強く、社会的スキルも高かった。とくに自己規制力が高かった。この原因として、研究者らは女性の方が強い社会的な結びつき（情緒的なつながりや非公式な協働関係・助け合い）をもっているからだという。

要するに、兄弟の数や兄弟構成よりも性別が社会的スキルの発達に重要な影響を与えている

ようである。つまり女性の方が状況にふさわしい積極的な「行動－反応」の学習能力が高く、結果として社会的スキルが優れているようである。

2　仕事の創造的自己効力向上の条件は自分の仕事に自信をもつこと

創造力というのは新奇で、かつ社会的価値（有用性）があるものを生み出す力のことである。創造力研究で著名なアマビール（Amabile, T.M.）が1983年に「創造力の創出・発揮のプロセス・モデル」を開発している。[20] 彼女はこのモデルの中で創造力を創出する基本的な3要素というものを明らかにしている。それは領域関連スキル、創造性関連スキル、問題解決の意欲である。この創造性関連スキルの中で、集中力とその持続力やストレス耐性などが重視されている。しかし創造性に関する自己効力は明示されていない。

近年の創造力研究では、創造力に関する自己効力の重要性が強く主張されてきた。つまり自分の創造力に関して強い自己効力をもっている人ほど、高い創造力を発揮できるというのだ。仕事上の創造的自己効力が大きく2つの源泉によって形成されると考え一般的な概念的モデル（図表2-3）を開発し、その検証を試みた研究がある。[21]

職務知識の質と量が優れている人は、そうでない人よりも高い仕事上の創造的自己効力をもち、結果として創造的な成果を生み出す傾向が強いだろう。その知識獲得の源泉として重要な点は、仕事に精通することで、そのためには少なくともある仕事に長期間専念することが不可欠である。もう1つは教育水準で、一般に教育水準が高まると認知能力が向上していくと考えられる。つまり教育水準が高まると、異なるさまざまな見方や認識をもつことが可能となり、複雑なスキーマの活用もできるようになる。結果として、多様な問題解決スキルが身につき、困難な仕事や革新的な問題にも取り組むモティベーションも強まる。そして、仕事を十分に適切にやり遂げることができるという自信は、仕事で創造的能力を発揮できるという自信にもつながる。つまり仕事自己効力が高い人は、それが低い人よりも、創造的に仕事ができるだろう。

監督者の支持・支援に関しては、人はしばしば自己効力の形成や強化に必要な情報を周囲の人達から獲得する。従業員の場合、上司（監督者）が次の2つの役割を通じて重要な働きをする。1つは役割モデリング（代理学習）、2つ目は上司の言語的説得である。上司は部下たちの創造的自己効力を形成・強化させるためには、「自分は創造的な仕事ができる」と確信させる必要がある。そのために上司は「君達の仕事を信頼している」、「君達は創造的な仕事ができると信じている」、「創造的な成果が生まれたら、それは高く称賛・評価する」と明言する必要がある。

最後に、職務の複雑さである。仕事や問題が今の自分には難しいと思うと、仕事自己効力は低下してしまう。一般に、創造性発揮のチャンスが大きい仕事というのは本来複雑で多面性があり、ノンルーティンな性質のもので、かつやりがいがあるものだ。しかも複雑な仕事という

図表2－3　仕事上の創造的自己効力の形成モデル

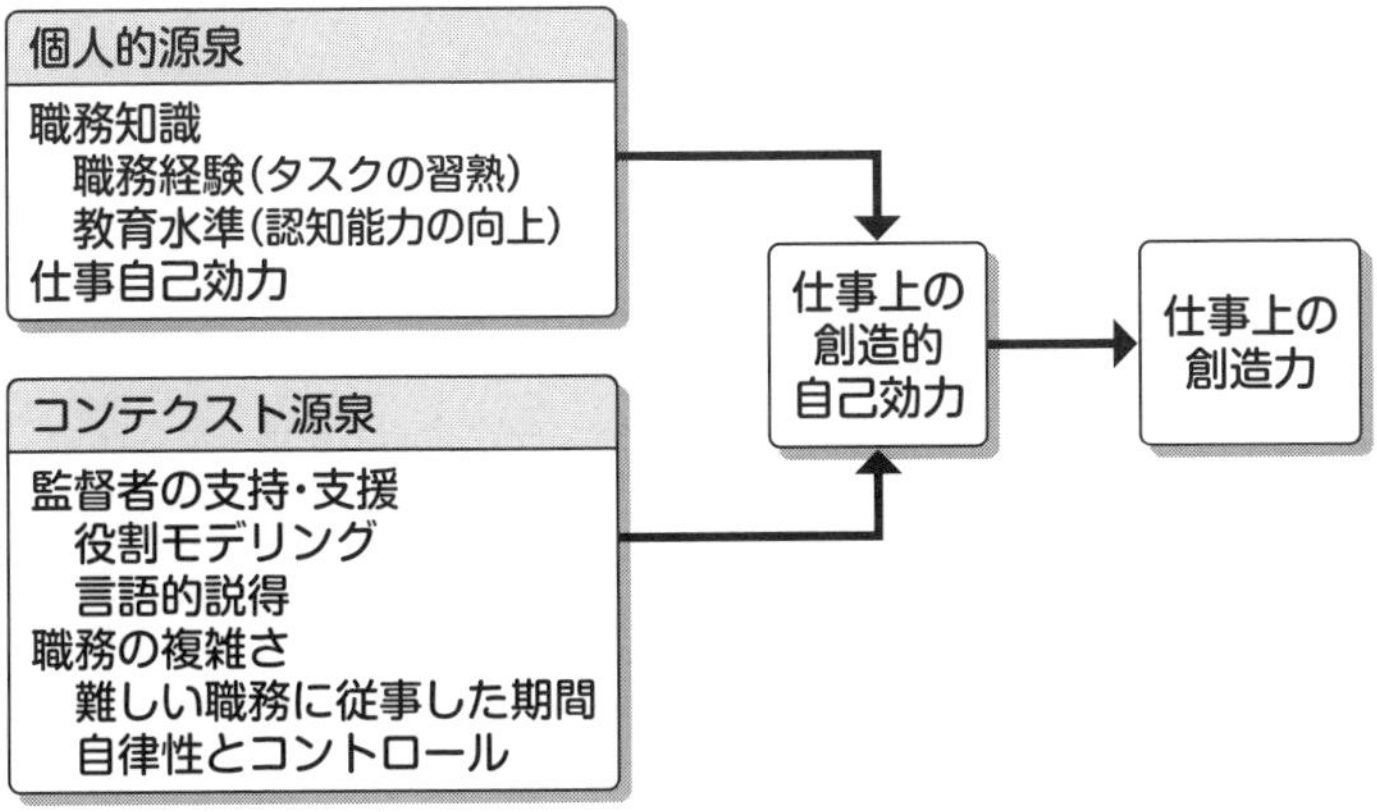

のは、次の2つのルートで創造的自己効力を高めていくようだ。

① 従業員が複雑な職務内容に精通し（難しい職務に従事した期間が長いほど）、かつ独自の有効なやり方で仕事ができると、複雑で難しい仕事や課題でも克服してやろうというモティベーションが高まり、結果として克服の可能性が向上し、創造的自己効力もさらに高まっていく。

② ところが、仕事をしていくさいに十分な自律性とコントロールが与えられていなければ、従業員は創造的な自己効力を発揮したくても発揮できない。結果として非創造的な人間に次第になってしまう。つまり会社側が従業員に仕事遂行上、高い自律性とコントロール権限を制度的に与えることが、彼らに創造的自己効力を発揮させることである。

さて、図表2-3のモデルはある大手消費財メーカーの製造部門のブルーカラーと監督者計536名と、あるハイテク企業のオペレーション部門のホワイトカラー138名をサンプルに検証された。その結果によれば、

① 創造的自己効力の最強の形成要因は仕事自己効力であった。これは両サンプルで立証された。

② 製造部門のブルーカラーの場合にのみ、職務経験年数が長いほど、創造的自己効力が低下していた。またそのブルーカラーの場合だけで、学歴が高い人ほど、創造的自己効力が高かった。

③ 監督者の支持・支援（役割モデリングと言語的説得）が強いほど、部下たちの創造的自己効力が向上した。これは両サンプルで立証された。

④ 複雑な職務に従事している人ほど（監督者は除く）、創造的自己効力が高かった。これは両サンプルで立証された。

⑤ 製造部門のブルーカラーの場合にのみ、非常に複雑な職務に従事し、かつ職務経験年数の長い人ほど、創造的自己効力が高かった。

要するに、この研究によれば、ブルーカラーとホワイトカラーでは、創造的自己効力の形成メカニズムが異なっているようだ。とはいえどちらも、仕事自己効力が創造的自己効力の最強

の形成要因であった。

3　男女間で情報処理能力の自己効力に違いがある

情報処理能力に性差があるとすでに多くの研究で指摘されている。[22] たとえば、
①　女性の方が非言語的なコミュニケーションで正確に反応でき、現実にみえていることを重視し、情緒的に反応し、ロマンティックな傾向が強い。
②　男性は物事をみたり判断するさい、偏見をもたず第三者的見地に立つ傾向があるが、女性は感情移入して自分の立場から行おうとする傾向が強い。
③　男性は情報処理プロセスで分析的かつ論理的な傾向が強いが、女性は主観的で直観的な傾向が強い。女性のこういった傾向は、彼女らが連想したりイメージを膨らませたりして解釈や判断をする傾向が強いからである。

このようなレビューを踏まえ、著名なマイヤーズ-レビィら[23]の情報処理に関する性差仮説に修正を試みた研究がある。[24] すなわち、
①　男性はメッセージの全体としてのテーマや意図を重視する傾向が強いが、女性はメッセージのこまごました内容に囚われる傾向が強いといわれるが、実は女性は実際に入手可能で役

に立つ情報を重視する視野の広い総合的な情報処理者なのである。

② 男性は女性よりもリスクを積極的にとろうとする傾向があるといわれるが、その原因は成功確率の知覚にあるのではない。

たとえば女性、とくに若い女性は同世代の男性に比べ、自動車事故や運転の違反がはるかに少ない。つまり男性は小さな事故や違反が自分にとってそれほど大きな意味をもつものではないと感じる・思う傾向が強いために、低から中程度のリスクに気が付かなかっただけである。しかし女性の場合、その低から中程度のリスクにも敏感に反応する傾向があるのである。

③ 男性の判断は初頭効果に支配される傾向があるといわれる。

つまり男性は観念的にあるいは概念的に情報処理をすることを好む傾向があるとすれば、判断は初期に与えられた情報に強く影響されるはずである。他方、女性は新近性効果に支配される傾向があるといわれる。つまり女性はしばしば認知的要求が自己の認知的能力を超えているので、何か判断を下さなければならない場合、最も新しい情報にアクセスしそれに頼らざるを得ない。しかしながら実は女性にとって満足のいく判断ができるかどうかは初期のネガティブな情緒によって強く影響付けられる。男性の場合は、逆にポジティブな情緒によって強く影響付けられる。つまり男性も女性も初頭効果が強く働いているのである。

④ 女性は総合的な情報処理者で、男性はヒューリスティックな（問題解決にさいして、できる

だけ短時間で有効に解決する方法・手続きを探る）情報処理者であるというふうに分けたとしても、両者の間の「想起の精確さ」に変わりはない。しかも、総合的な情報処理は、ヒューリスティックな情報処理と比べると、より緻密で精巧なプロセスであり、しばしば優れた決定を生むのである。

要するに、マイヤーズ-レビィらの情報処理に関する性差仮説は、情報処理と判断には性差があると主張するが、それは必ずしも正しくないのである。確かに、これまでの多くの研究成果をレビューしたかぎりでは、情報処理、判断の仕方、行動様式には男女間に有意な違いがある。しかもこの違いの原因は生物学的要因よりも文化的要因にあり、さらに社会化プロセスを通じて強められているところに最大の原因があるのである。

Self-Efficacy

まとめ

本章では、自己効力が能力・欲求・性格・考え方の形成・変化に強い影響力をもっていることを明らかにした。自己効力というのは自己制御の機能や能力の向上・発揮に強い影響を与えている。一般的自己効力のみならずさまざまな特定自己効力が重要な働きをしているのである。たとえば、仕事自己効力、社会的自己効力、知識自己効力、創造的自己効力がある。これらがそれぞれ管理者に求められる4つの能力（本章1節2項参照）や、社会的スキル、e-ラーニング・スキル、創造力などを高める鍵なのである。

他方、自己効力とりわけ特定自己効力は性別や、状況適合的な「行動-反応」、さらに別の異なる特定自己効力によって形成・強化されることも明らかになった。

自己効力の効果や意義については多くの発見があるが、その形成要因については少ないようだ。それだけ、自己効力がどのようにして作り上げられていくのかを解明することが難しいのである。しかしこの解明がさらに進むと、結果として職務行動の質的改善、職務業績の向上が一層可能になるだろう。

第3章

自己効力と職務態度

職務態度はモティベーションを直接規定する要因である。職務態度とは組織メンバーが職務上知覚する社会的あるいは観念的、物理的な対象（ものごと）についての積極的あるいは消極的な評価、情緒的な感情、および賛否の反応パターンのことである。これには達成感、企業家になりたい気持ち、リスク・テイキング、職務満足、組織コミットメント、職務特徴知覚、意思決定参加の態度、ストレス知覚、離職意思などさまざまなものがある。

これらの態度がどのようにして形成・変化し、その結果なにがどのように変わっていくのかについて、現在非常に多くの研究によりかなり解明されてきているが[1]、最近その態度の変容に対してとりわけ自己効力の影響力が注目されている。

Self-Efficacy

1 自己効力の効果

1 人はどんな小さなことでも達成感が得られると、強い関心をもつ

自己効力は関心や興味を喚起し、強める。[2] 人が試してみて面白いと思うことの大部分は、それ自体最初のうちは何の興味を引き起こすものではない。ところがこのようなものが学習経験をとおして、どういった活動でも、またどんなにばかげたとるに足らないことであっても、やがてそれぞれの個人にとって、大きな意味をもつものになり得る。社会的学習理論では、興味というものは内的な基準を達成することによる満足感から生まれてくるものと考えられている。したがって、興味を増大させていくためには、身近な目標を設定して、次の2つのメカニズムを通じて、自分自身を動機付ける必要がある。

① 人は誰でも自分が望んだレベルの出来栄え（成果）ややり方を目指して努力し、それを成し遂げた時に満足感を感じる。したがってたとえ小さな目標であっても達成することによって得られる満足感は少しずつ、しかも着実に内発的な興味を増加させていくようになる。

② 現在の1つひとつの小さな成果が遠い将来の大きな目標に照らして評価されるようになると、現在やっていることと、将来の目標との間の大きなギャップが認識されるので、当面成し遂げた成果に十分満足がいかないようになる。このような場合、自信をもって有能に振舞い、かつ効果的に努力をしていけば、課題を成し遂げることができるという認知された自己効力が、自己効力のなさに打ち勝って、課題解決に対する内発的（イントリンシック）な興味を力強く駆り立てていくようになると考えられる。

「人は社会学習を通じて自己効力を高める」といわれるが、最近の研究[3]ではその社会学習自体、「その人のパーソナリティ特性（独立-相互依存志向、外向性-内向性、感じの良さ）」と「自分が描く自己概念に一致する情報を重視するという傾向」という2つの要因によって大きく変わっていくといわれる。そこで、自己志向的社会学習という新たな概念の開発が求められた。自己志向的社会学習というのは自己効力を意識的に高めるために、非公式に自分の社会環境に積極的に関わったり、自分に望ましいと思う社会環境を作り上げ、そこで試行錯誤や観察学習、他人からの言語的説得、自分に対する社会的期待の認識を通じて自己効力向上のきっかけをつかんだり、その向上を図ろうとすることである。この研究は過去のさまざまな研究を検討して、図表3-1のようなモデルを開発し、その検証を試みた。この研究はコンサルティング会社、金融機関、製造業などさまざまな業界の管理者・専門家など356名を調べて、次のような発

図表3－1　自己志向的社会学習と自己効力の関係

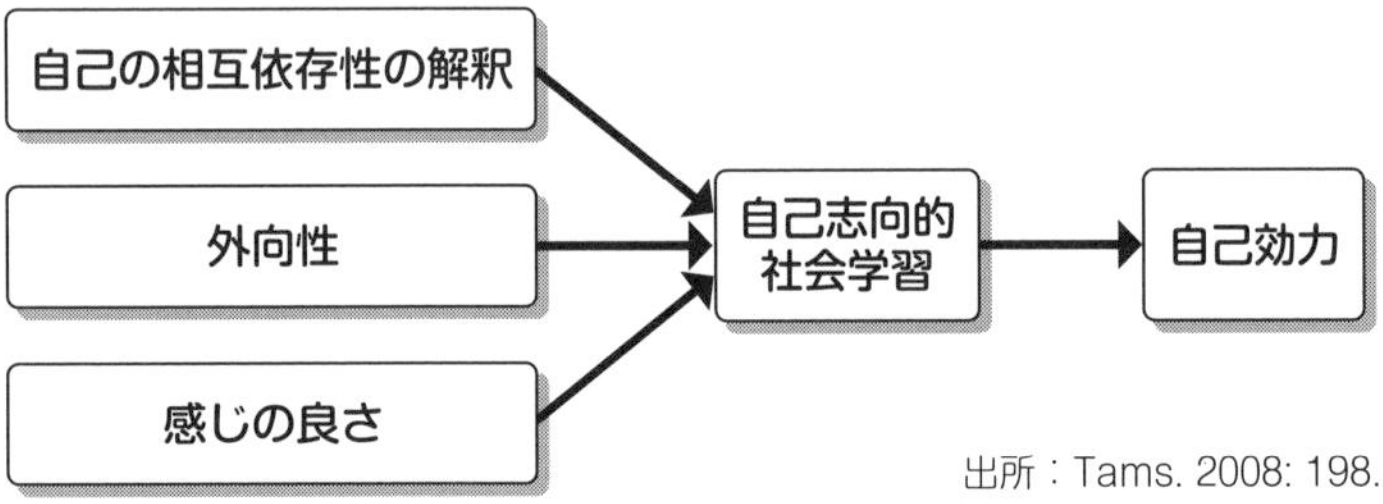

出所：Tams. 2008: 198.

見をした。

①　自分を、他者と相互に依存し合っている存在だと強く意識している人は、感じがよい人や外向性の強い人よりも、自己志向的社会学習を積極的に行うが、自己効力は低かった。

②　感じがよくて外向的な人ほど、自己効力が高かった。

③　自己志向的社会学習の方法のうち他人との関係性と他人と距離を置くことの2つだけが自己効力に強い影響を与えていた。つまり社会関係を通じて自分に関する情報を集めようとする人ほど、自己効力が低かった。他方、他人が自分を批判しても自信を失うことがない人ほど、自己効力が高かった。他の社会学習の方法（ベンチマーキング、モデリング、組織同一化）は自己効力に有意な影響を与えていなかった。

要するにこの研究では、自己志向的社会学習は自己効力の向上に限定的な効果しか発見できなかったが、さらに大規模かつ詳細な研究が求められるだろう。

以上のことから、社会的な学習経験が関心（興味）を生み、強め、そして努力を強めることがわかったが、その学習自体、バンデューラが主張するよりも複雑なプロセスなのかもしれない。

2　成功できるという自信をもつことが、企業家としての成功の第一歩

企業家というのは本来、高い自己効力をもち、現状に疑問を抱き、革新的な解決を探求し、現実を変革しようとする人のことである。その企業家精神ないしは企業家になろうとする願望の源泉を明らかにしている研究がある[4]。それは過去の研究から、企業家願望はその人の性格、スキル、態度の優れた組み合わせから生まれると考える。企業家は多くの人たちの反対を押し切ってものごとを変革していく粘り強さ、現実世界の進歩を成し遂げねばならないという強い決意、そしてものごとを創造しなければならないという強い動機（願望）をもっていなければならない。したがって、企業家になること、あるいはその願望の源泉というのは、基本的に、ものごとを変革する機会を順向的に探求し、挑戦課題、タスク、必要性、障害に対して革新的方法で創造的に立ち向かい解決していくことの望ましさと、その実行可能性を信じていることであると考えた。

米国を含む欧米の若者の「企業家になりたいという意志」がどのように形成されているかに関するモデルがある[5]。それは図表3-2である。しかしこのモデルはきわめて一般的で、若者

がさまざまな経験をしたとしても、そこからなぜ企業家になりたいという強い気持ちが生まれてくるのかが不明である。

そこで、この研究は過去のさまざまな研究成果に基づいて、企業家の願望を生む次の5つの源泉（革新志向、反抗心、順向的気質、自己効力、達成意欲）をまず想定した。ちなみに順向的な行動というのは、現状を率先して改革しよう、あるいはまったく新しい状況を作り出そうという行動のことだ。したがって、それはイニシアティブ、自己効力、義務感（責任感）、といった個人の性質の集合でもある。彼らは著名な「態度-意志-行動モデル」に基づいて、この5つの源泉を体系化している（図表3-3）。この研究はこの5つの源泉の妥当性について、「企業家としての態度・志向性」（ＥＡＯ）測定スケールを用いて、検証した。[6]サンプルは米国北東部にあるビジネススクールの学生２２０名であった。この研究結果によれば、５つの源泉の妥当性は支持された。

自己効力測定の8項目を重要度の高い順に並べると、「同僚と比べての自分の能力不足」、「自分の仕事の質についての自己評価」、「難しい仕事での粘り強さ」、「同僚に自分を印象付けたい気持ち」、「優秀な人といると気後れがする」、「同僚が自分のことをどう思っているのかが気になること」、「問題の解決で私を助けてくれる人を探すのにかけている時間」、「プレゼンをしなければならないと思うと気後れがする気持ち」といった内容の項目である。したがって、企業家願望を高めるために自己効力を高めることは有益だが、とりわけたとえば「同僚よりもよい

図表３－２　企業家への意志の形成モデル

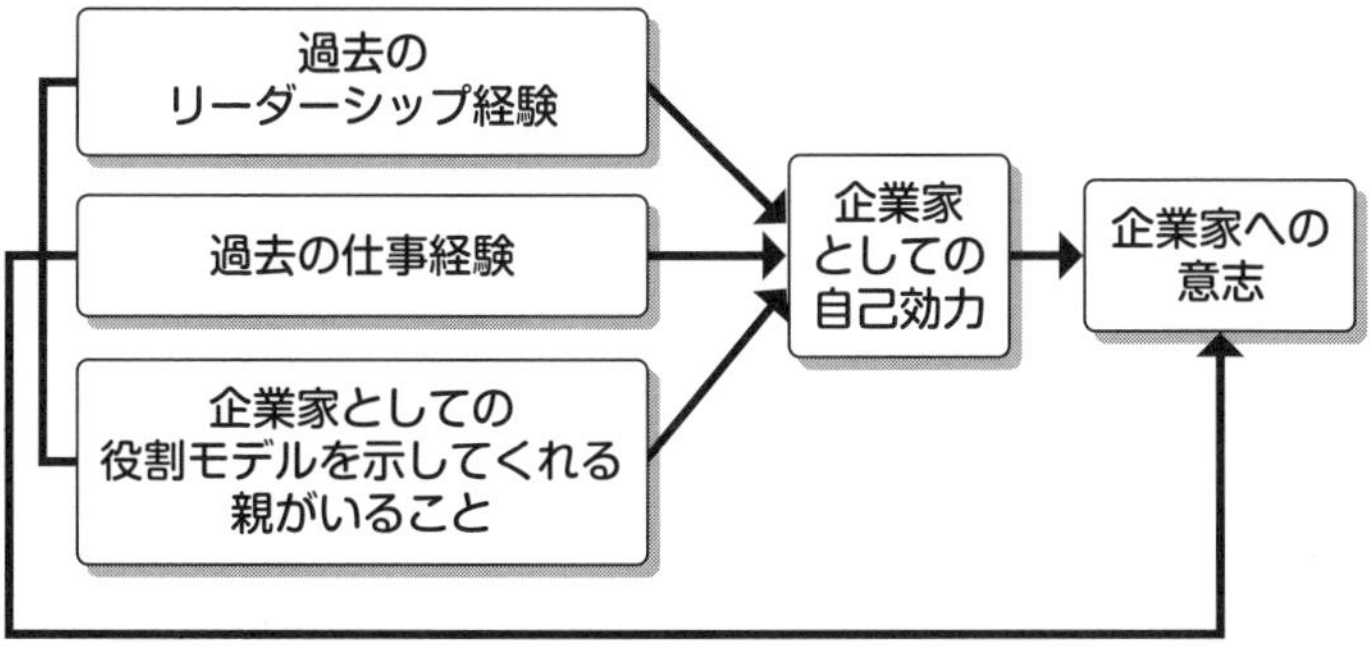

出所：Kickul et al. 2008: 322.

図表３－３　企業家願望－意志－行動の関係

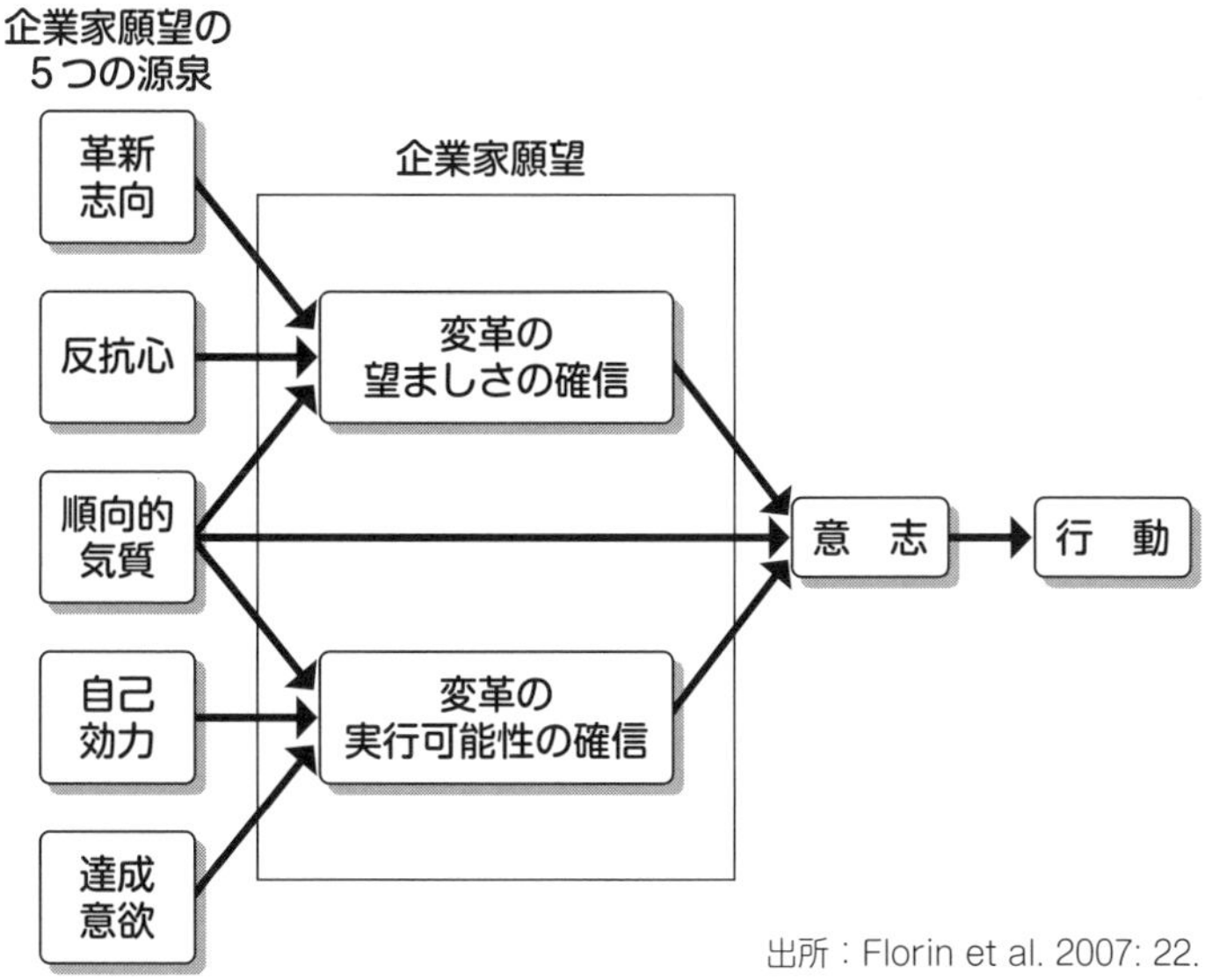

出所：Florin et al. 2007: 22.

仕事をする」、「質の高い仕事をする」、「難しい仕事でも粘り強く取り組む」といったことが重要である。

3　自信がある人は積極的に挑戦し、努力し続けられる

自己効力はものごとに対する向き合い方を変える。バンデューラ[7]によれば、自分にはものごとをうまく処理していく能力が欠けていると思っている人は、自分のいたらなさをいつまでもくよくよ気にしていて、ものごとの困難さを実際より強く過大視する傾向がある。このような人は、問題の解決に向かって注意を集中していくのではなく、自らの無能さや失敗のイメージを描いたりして、適切に対応することができなくなってしまっている人だ。これに対して、力強い自己効力をもっている人は、たとえ限られていても、自分の能力をうまく働かせて、困難に立ち向かい、さらに一層努力していくようになるものだ。

課題を達成していくときに、認知された自己効力と知的能力が果たす役割について、コリンズの実験が重要であるといわれる。[8]まず算数能力が低い、中程度、高いの3グループの子供たちを選び、それぞれのグループをさらに細分化して、算数の課題に対する自己効力の高い子供たちと、低い子供たちのグループを設けた。このようにしてできた6グループの子供たちに、算数の問題を与えて達成度合いを調べた。この実験から、子供たちの自己効力が、予想された

知的能力をはるかに超えた威力を発揮し、課題達成への知的活動を促進していることがわかった。確かに、すでに小・中・高校生に関する多くの研究から、自己効力が学習への積極的な取り組みを促進することがわかっている。

一般的に、自己効力は問題解決の姿勢を変える。自己効力の高い人は挑戦的な課題に積極的に取り組み、その努力も持続性が高いといわれる。[9] したがって、上記の研究結果も成人に当てはめて考えることができるだろう。

4 自己効力を高めれば、職務態度も改善する

職務態度というのは仕事モティベーションよりもはるかに広い概念である。しかもそれぞれの態度要因の形成・効果のメカニズムが異なるというきわめて複雑な心理現象である。[10] そのさまざまな職務態度に自己効力は強い影響を与えている。

ジャッジ&ボノは「望ましい自己概念」の4つの構成要素が職務満足とどのような関係があるのかを解明しようとした。[11] この4つの構成要素というのは一般的自己効力、自己価値、環境支配性向（Locus of control－12頁参照）、情緒安定性（弱い神経症－自信があり不安にあまりさいなまれることなく落ち着きのある傾向）である。そもそも自己効力、自己価値、環境支配性向、情緒安定性の4つはすでに多くの研究から、職務満足や仕事モティベーションなどと非常に重

要な関係があることが明らかになっている[12]。

そこで過去のさまざまな研究成果を踏まえて、彼らは「望ましい自己概念」の4構成要素それぞれが職務満足や仕事モティベーション、職務業績にどのような影響を及ぼしているのかを明らかにしようとする。研究結果によれば、以下の2点がわかった。

① 職務満足は自己価値と情緒安定性と正の相関があったが、一般的自己効力と環境支配性向に関しては有意な相関は発見できなかった。

② 4つの構成要素すべてが職務業績と正の相関があった。とくに自己価値との相関が強かった。

要するに、「望ましい自己概念」という合成概念は職務業績と正の相関関係にあるということができそうだ。ただ、自己効力に関しては職務満足との間に正の相関関係は発見できなかったが、職務業績とは正の相関関係があった。

しかしながら、自己効力は職務満足をはじめ、主要な職務態度と単純な関係ではなく、もっと複雑な関係なのだということを証明した別の研究がある。それは米国中西部にある中規模のヘルスケアサービス機関の従業員（内科医、看護士、医療技術者など）242名（男性25％、女性75％，平均年齢36歳）の、自己効力‐職務態度の関係に公正感がどのような働きをしているのかを調べた研究である[13]。その研究によれば、たとえば、次のような発見があった。

① 職務満足は、仕事上の目標設定、職務業績（自己評価による）、自己効力、公正感によって

強く影響付けられていた。しかも自己効力の影響力が他の要因よりもはるかに強かった。性、年齢、学歴そして職務努力は有意に影響していなかった。

② 自己効力と職務満足の関係は、公正感の強さによって異なる。つまり公正感の強い人は、自己効力が強くなるほど、職務満足が低下する傾向がみられた。しかし公正感の低い人は、自己効力の強さに関係なく、職務満足はほぼ一定していた。

③ 自己効力と公正感の相互作用は、離職の意思を明確に強めたが、職務満足は低下させた。つまり、公正感の強い人は、自己効力が強くなるほど、離職の意思が強まっていく。しかし公正感の低い人は、自己効力の強さに関係なく、離職の意思はほぼ一定していた。

要するに、この研究によれば、自己効力と主要な職務態度の関係は単純な線形関係ではなく、もっと複雑な関係にあることがわかった。

このように、自己効力と主要な職務態度の関係はきわめて複雑で、まだ明確な主張はできないようだが、自己効力が職務態度に何らかの形で強い影響を及ぼしていることは自明の理であろう。

5 自己効力を高めると変化への抵抗感を緩和でき、変革に積極的に取り組むようになる

人間というものは、本来、変化を求めないものである。とりわけ急激な変化を嫌うものである。組織メンバーたちに新しいシステムの導入や既存のシステムの改革を好意的にまた積極的に受け入れさせるのは至難の業である。最近のある調査によれば、情報システム導入のさいの成功率はわずか30%程度にすぎないという[14]。この驚くほどの失敗率の原因は主としてその利用者の技術革新（変化）への抵抗にあると考えられている。

組織の中に新しい情報システムを導入しようとしたさいに従業員たちがどのような態度を示したか、その原因は何だったのかを明らかにした研究がある[15]。それはカナダのケベック州にある社会福祉機関と州政府機関の2つのケース・スタディである。この研究者は2つの機関の新しい情報システム導入プロジェクト・チームからチーム・リーダーや一般職員それぞれ10名、計20名（全員技術者、専門家）を選抜し、徹底的に詳細なインタビュー調査を行った。研究の結果、明らかになったことを体系化すると、図表3-4のとおりである。

この研究結果のメリットとして、研究者は次の3点をあげている。

① 人的資源管理の見地からは、組織改革上、有効な人材の募集、選抜、訓練のために望ましいパーソナリティ特徴とは何かを明らかにすることができた。さらに彼らが組織改革に好意

図表３－４　新しい情報システムの受容に関するモデル

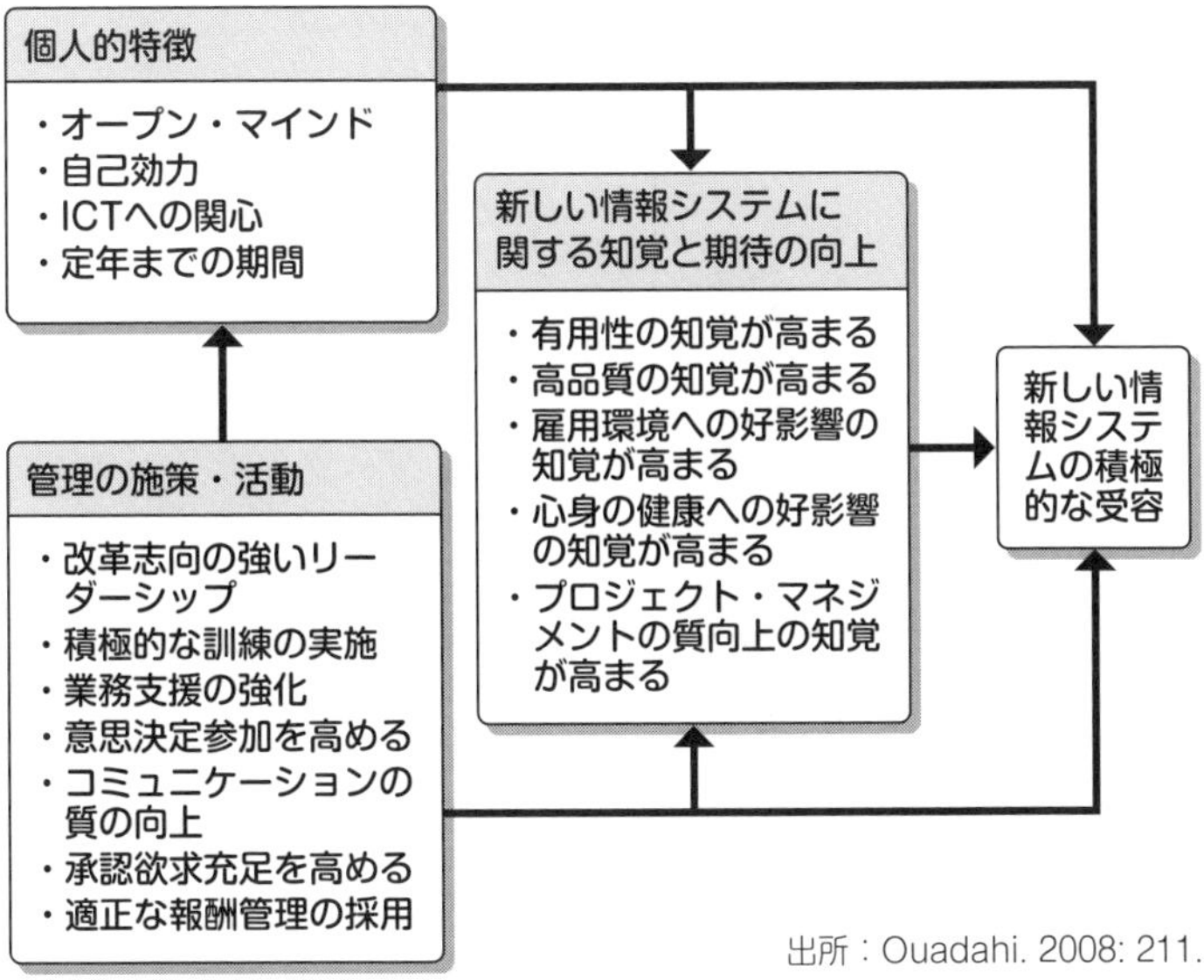

出所：Ouadahi. 2008: 211.

的な態度を形成するために、どのような管理の施策・活動が必要かも明らかにすることができた。

② 組織改革のリーダー（経営者、管理者）にとって、その改革に積極的に関与し、組織のビジョンや変革の必要性（理由）、目標、役に立つこと、期待される結果について部下たちのみならず社内外の人たちに明確に説明することが非常に重要であることが明らかになった。

③ この変革によって非常に強い影響を受ける従業員たちに適切な承認欲求の充足と金銭的報酬の付与をすることが組織の戦略的目標へのコミットメントを高めることに

なるだろう。

ところで調査した2つの機関で自己効力の高い人は、変化への適応力も高く、新しいスキルの獲得に強い意欲をもち、新情報システムを「自分がそれを使いこなしてみせよう」という挑戦的機会を与えてくれるものと見なしていた。他方、自己効力の低い人にはこのような傾向はみられなかった。新しい情報システム導入といった変化をどの程度受け入れることができるのか、つまり変化に対する態度変容（変化）の最大の源泉は自己効力の強さの程度によるということができるかもしれない。

Self-Efficacy

2 自己効力を高める方法

1 組織構造と管理方式を改革すると組織メンバーの仕事自己効力が高まる

組織メンバーの自己効力を高めるうえでは、組織構造や管理方式の改善よりも組織文化の改革の方が重要かもしれない。一般的にいって、組織構造を改善すると、組織メンバーの職務態度や仕事モティベーションが改善され、結果として自己効力が向上する可能性がある。この主張の背景には、実はマグネット病院（Magnet Hospitals）に関する研究がある。

近年、わが国においても医療関係者の間でマグネット病院への移行が喫緊の課題になっている。マグネット病院というのは一言でいえば看護の質が非常に優れていると評判の病院のことである。[16]マグネット病院の研究はピータース&ウォーターマンに始まるが、[17]マグネット病院という概念が国際的になったのは、英国ＡＮＣＣによって第1号のマグネット病院が選定されたことによるといわれる。[18]つまり看護師が働きたいと思う魅力のある病院のことであり、看護師に仕事上高い自律性とコントロール、医師との良好かつ高度な協働関係を提供する病院のことである。この結果、マグネット病院の看護師は職務ストレスが低く、職務満足もモティベーションも高く、離職の意志も低く、したがってケアの質も高くなり、患者の死亡率も低下し患者の満足も高くなるのである。

ある病院がマグネット病院なのかそうでないのかを識別する著名なモデルがある。それはエイケンらのモデルである。[19]これはポジティブに働く看護師と質の高い看護を実現するために病院はどんな組織的特徴をもつべきかを明らかにするモデルである。そこでは看護師は患者への看護と他の病院スタッフへの影響力を通じてその病院の医療の質に強い影響を与えていると考えられている。この看護と影響力は病院の組織の構造と管理方式（運営方式）に強く規定され

図表３－５　組織構造－看護師の反応－医療の質の関係モデル

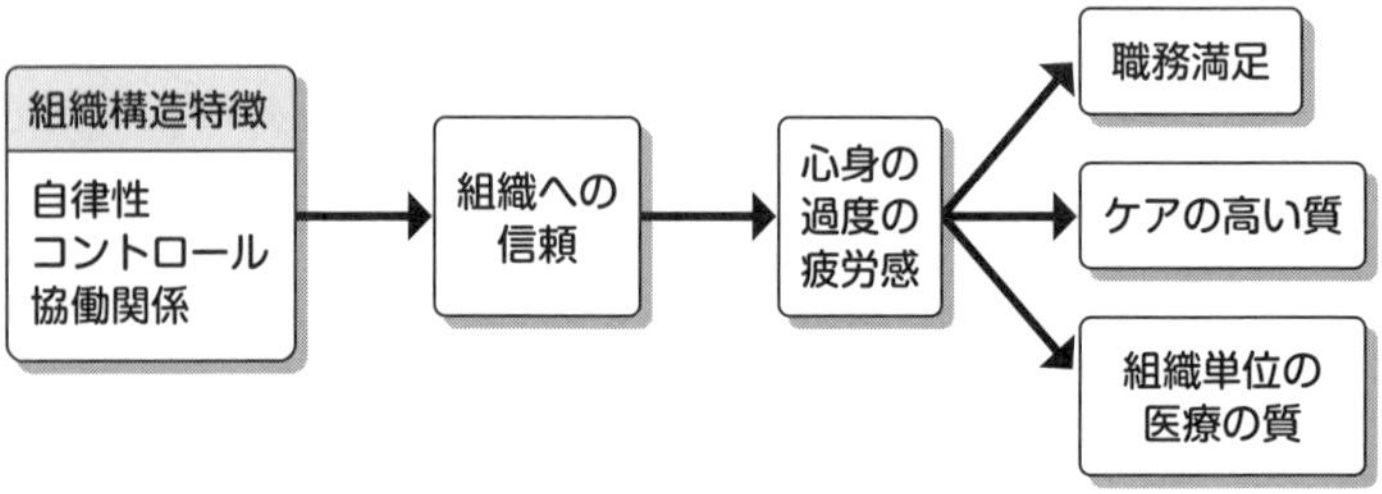

出所：Laschinger et al. 2001: 213.

ている。看護師にとって重要な組織構造の特徴としては、次の3つである。この3つは医療の質を高めるうえでも不可欠なものである。

①　自分の専門的判断に基づいてタイムリーに適切な処置・対応ができる権限と責任があるのか。

②　質の高い看護をするために必要な資源（他の看護師や介護士などの要員、機械・器具、資金など）を看護師自身がコントロールできる権限と責任があるのか。

③　患者のケアを最適化するために医師と協働できる権限と責任があるのか。

このエイケンらの理論モデルを拡張して新しいモデルを構築し、その検証を試みた研究がある。その研究者らは新たに「組織（とくに病院経営陣）への信頼感」と「心身の過度の疲労感」という2つの変数を加えた（図表3-5）。病院の場合、ダウンサイジングすると、通常、看護師は仕事の負担が高まり、解雇の不安が強まり、同僚や他のスタッフとの間のコミュニケーション（公式・非公式の情報の共有度）も低下・悪化し、その結果コンフリクトも生じやすくなり、病院経営者への信頼感と仕事のモティベーションが低下していく。信頼感とモティベーションが低下すると、欠勤率や離職率も高まり、また学習意欲も低下し保守的な思考に陥り、看護の質も低下していく。心身の過度の疲労感（burnout－倦怠感、慢性的な疲労感、うつ症状、無力感、無関心、自暴自棄といった強い症状を生む）は上述の組織構造特徴の他、組織への信頼感の喪失によって発生する。その結果、看護師には職務不満足の増大、モティベーションの低下、仕事の手抜きや放棄などが起きる。サンプルはオンタリオ看護大学に登録している看護師３０１６名である。

研究結果によれば、以下の2点が明らかになった。

① 3つの組織構造特徴が高くなる（強くなる）ほど、看護師は心身の過度の疲労感を訴えることが少なくなり、同時に組織への信頼感が増し、結果として職務満足と患者のケアの質が向上した。とりわけ心身の過度の疲労感が職務満足に強い影響を与えていた。

② 「組織への信頼→心身の過度の疲労感」の関係と、組織への信頼と心身の過度の疲労感が組織単位の医療の質に与える影響関係は支持されなかった。

これらの発見を自己効力の見地から一般的なモデルに作り変えると、次のようになるだろう（図表3-6）。ただし、実線はラシンガーらが発見した有意な関係を示し、点線は筆者の因果

図表3－6　組織構造－看護師の反応－看護の自己効力の関係モデル

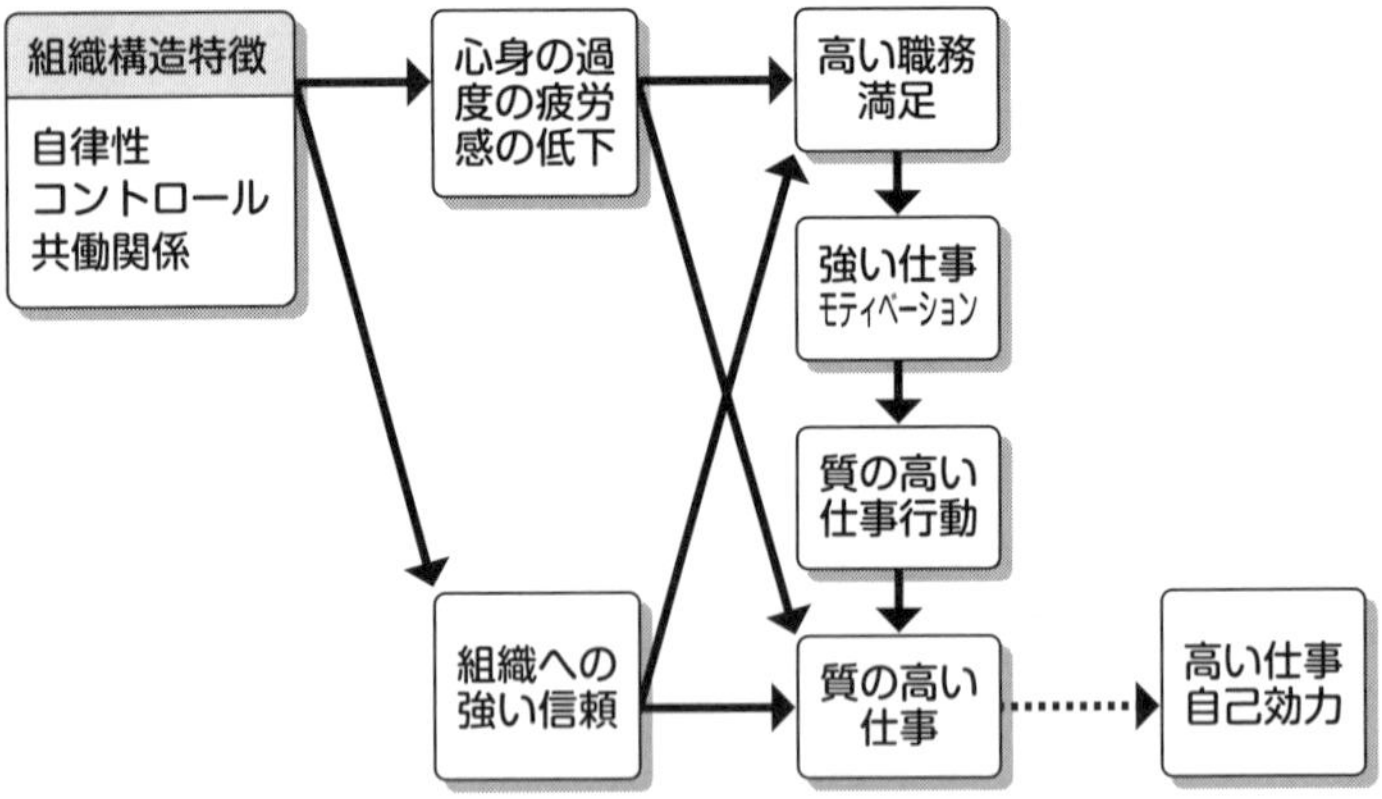

的推論の関係である。このモデルは筆者が作成したものだが、このモデルの最大の主張点は病院組織に限らず組織構造を改善すると、組織メンバーの自己効力が向上する可能性が高くなるだろうということである。

ところが、組織構造ではなく、それよりも組織文化の方が重要だという研究がある。つまり、マグネット病院の看護師とそうでない病院の看護師という文化の異なる組織の間で決定的に違うものは何だろうかという見地からの研究である。[20] この研究の出発点は「病院の組織文化というものは看護師の仕事の質と、患者のケアの質に非常に強い影響を与えているだろう」という基本命題であった。両者間で決定的な違いは価値構造であった。

サンプルは16のマグネット病院の看護師2355名、10の非マグネット病院の看護師1965名であった。ちなみに研究者たちはEOM（Essentials of Magnetism－病院の魅力を創造する根本原則）の次の8つの基準に基づいて病院をマグネットかどうか選別した。

① 質の高い看護をするために必要な看護活動と資源を看護師自身がコントロールできる権限と責任（看護師自身による看護業務のコントロール）

② 看護師が自分の専門的判断に基づいてタイムリーに適切な処置・対応ができる権限と責任（看護業務に関する自律性）

③ 看護師の臨床上の高いコンピテンス

④ 看護能力向上のための教育の支援の充実

⑤ 病院経営者・管理者による看護師の支援の充実

⑥ 看護師と医師との間の良好な関係

⑦ 看護師の病院の患者を第一に考えることに最大の価値を置くという組織文化の重視

⑧ 適正なスタッフィング

これらの基準を十分に満たしているマグネット病院に共通している最も強い価値観というのは、患者第一主義であった。この価値観の実現はとりわけ次の2つのプロセスによって図られる。

① 既存の価値観の変革

この変革を行ううえで、病院経営者は順向的かつ戦略的な志向に基づいて既存の価値観を

図表３－７　看護師の自己効力向上のための具体的な諸施策とその成果

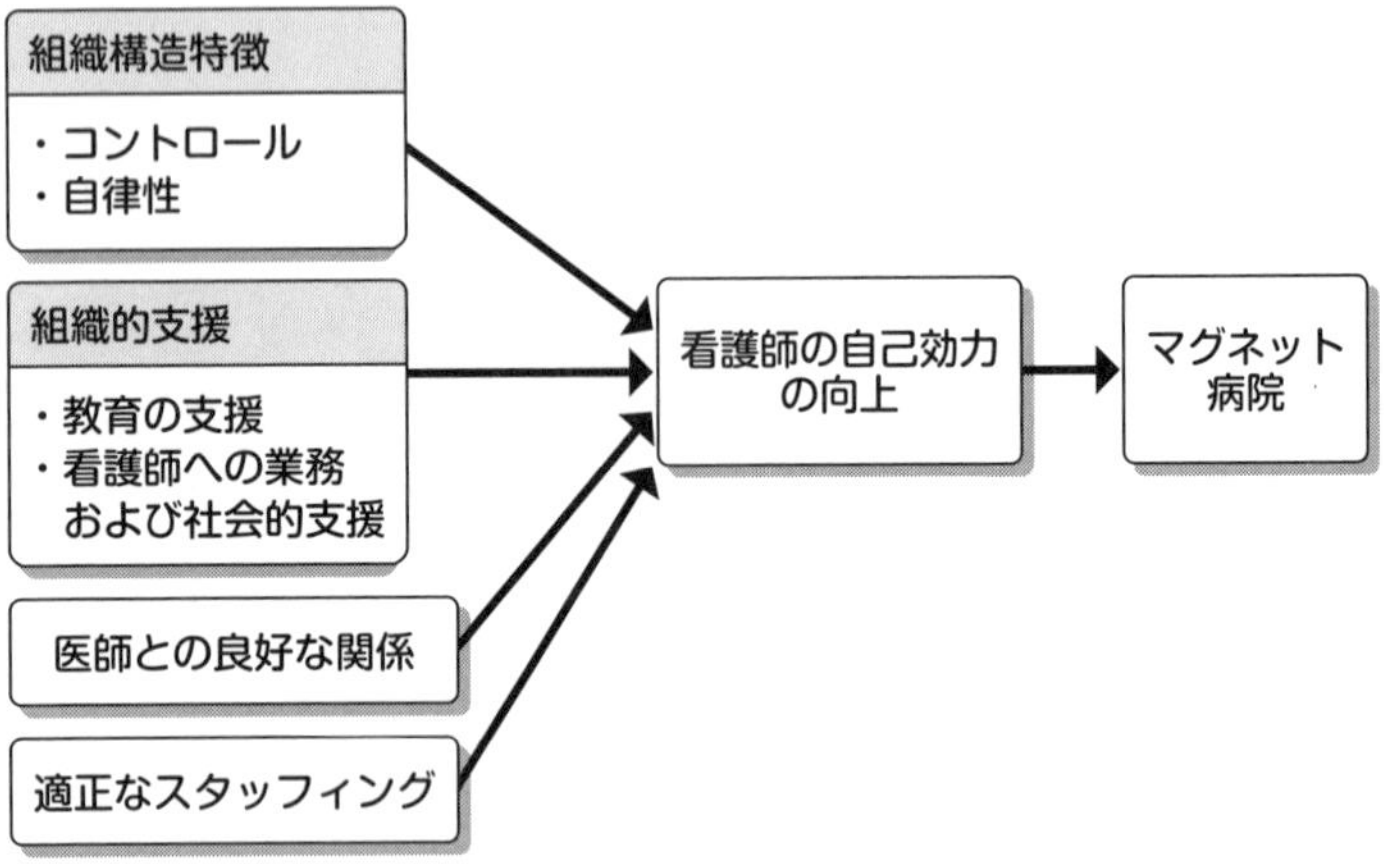

変革することが必要だという認識を強くもつことが必要である。

② 患者第一主義という価値観と規範の確立

したがってマグネット病院を志す病院経営者はこの価値観を病院スタッフ全体に明確に奨励し、共有させ、その価値観を反映しているような具体的な活動を明示し、奨励し、場合によっては報酬を与える必要がある。そもそもＥＯＭの基準を重視し、それらの実現を可能にする組織文化を創造するには、看護師の仕事満足を高め、患者への質の高いケアを実現することが基本的に求められるのである。しかも上記のＥＯＭの基準のうちとりわけコントロール、自律性、教育の支援、看護師の支援、医師との良好な関係、適正なスタッフィングは看護師の自己効力の向上につながるだろう。つまり組織構造や管理方式の改革のみならず、看護師への業務支援・社会的支援、健全な組織文化、人的資源管理施策も看護師の自己効力の向上を生むだろう。ＥＯＭの基準のほとんどが自己効力向上につながるものなので、看護師の自己効力を向上することが病院に最も求められる組織文化を実現することにもなるのである。要するに、病院がマグネット病院になるためには、看護師の自己効力を高める必要があるのである（図表3-7）。

組織文化の改革には必然的に組織構造や管理方式の改革が伴わなければならない。つまり組織文化の改革による職務態度の改善、そしてその源である自己効力の向上には、当然のこととして組織構造や管理方式の改革が不可欠なのである。

Self-Efficacy

まとめ

自己効力は、上述のとおり、さまざまな職務態度に影響を与えている。たとえば自己効力が強くなれば単純に職務満足も高まっていくというのではなく、自己効力と主要な職務態度の関係はもっと複雑な関係にあることがわかった。さらに組織が新しい情報システムを導入するという場合にも、その変化を組織メンバーがどの程度受け入れるかは彼らの変化に対する自己効

図表3－8　組織改革と自己効力向上の関係

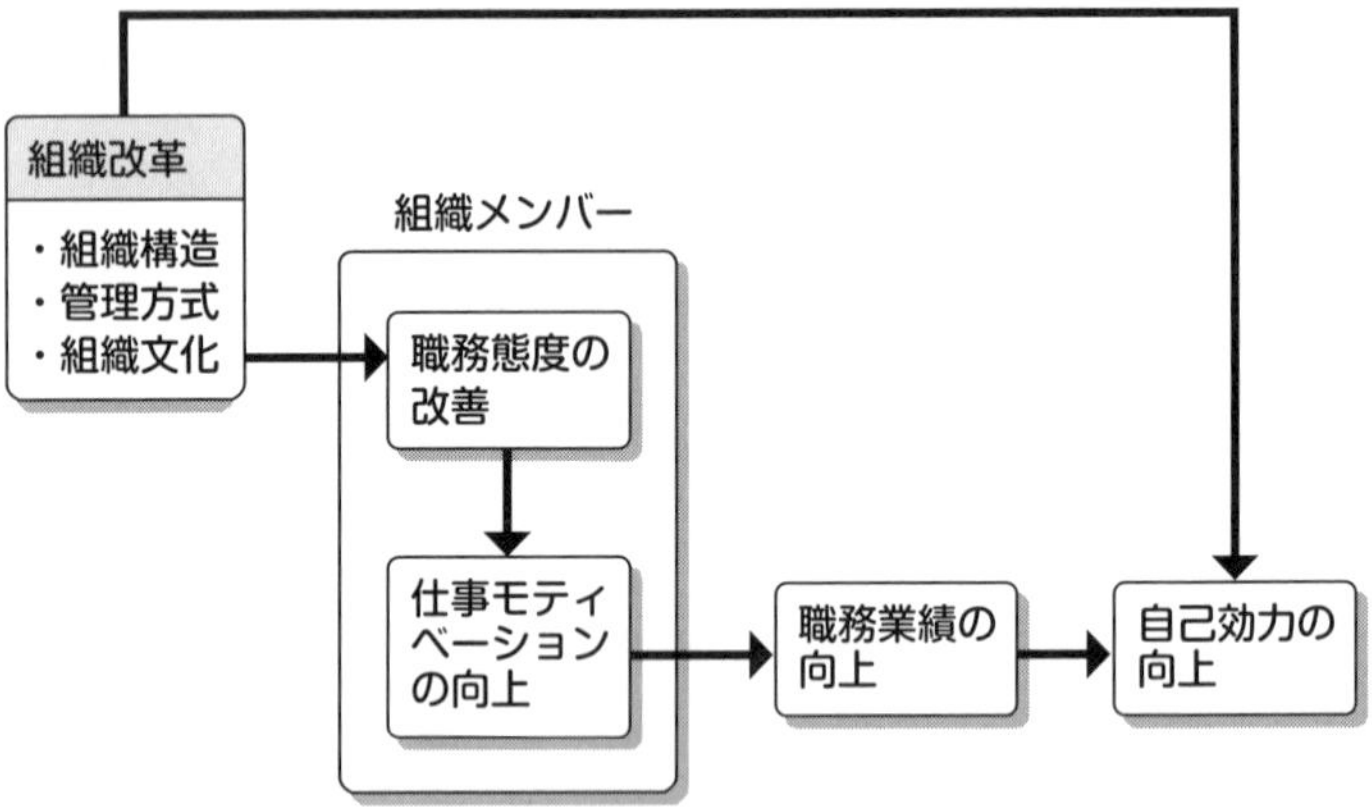

力の強さの程度によっているようだ。また、企業家になりたいとか、リスクに果敢に挑戦し困難な問題にも積極的に取り組んでいこうとする態度も自己効力の強さが鍵のようである。

しかも組織メンバーの自己効力を組織構造や管理方式の改善、さらには組織文化の改革によって強化することができるのである。とくに組織文化の改革の重要性が指摘されている。しかも組織構造や管理方式、組織文化を改革すると、組織メンバーの職務態度や仕事モティベーションが改善され、職務業績も向上し、その結果として自己効力が向上する可能性もあり、職務態度と自己効力は相互に影響を与え合う（図表3-8）。企業従業員の自己効力を高めていくうえで、マグネット病院に関する研究が大きな貢献をしていることを看過してはならないだろう。

第4章

自己効力と仕事モティベーション

従来、仕事モティベーション（意欲）を高めるうえで打算的な心理的要因の影響力が主に研究されてきた[1]。たとえば欲求理論、達成動機付け理論、公正理論、期待理論、目標設定理論などである。しかし最近、非打算的な心理的要因、つまり他者とは関係がない「自己に関わる諸概念」（自己概念、自己同一性、自己効力、自己価値、自己イメージなど）が仕事モティベーションに非常に強い影響力をもっていることが明らかになってきた[2]。

仕事モティベーションを高めるには自己効力を高める必要があると多くの研究者がすでに主張している。自己効力とモティベーションの関係については、すでに多くの研究が行われている[3]。たとえば、企業管理者やスポーツ・コーチ、応用心理学者などがピグマリオン効果の創造や、挑戦的な目標を設定させ成績や業績を高めようとするときなどにはいつも自己効力の強化が行われている。

業績期待の強さとモティベーションの強さの関係はその人の自己効力の強さで説明できるといわれる。つまりモティベーションを高めるには自己効力を高めることが不可欠なのである。

Self-Efficacy

1 自己効力の効果

1 仕事自己効力を高めると仕事の意欲と努力も強くなる

自己効力を高めるためには、自ら今の自己効力に自信をもち（効力期待）、自分の行動の結果について周囲の人たちが高く評価してくれると信じる必要がある（結果期待）。そのさい、とりわけ上司や信頼している人からの言語的説得、つまりつまり称賛するなどの行為が重要な影響を与える。自己効力が低下すると、意欲の喪失、努力の放棄が起こる。そもそもバンデューラ[4]によれば、人は自分の自己効力が低い、または欠如していると思うと、生きていくことに不安やいらだち、恐れを募らせる。やがて失望、落胆して努力を放棄したり、無気力・無関心、あきらめ、自暴自棄、抑うつ状態、社会逃避（引きこもり、など）に陥る可能性が高い。社会的学習理論では、人が努力しなくなるときには、少なくとも次の2つの原因があると考える。

① 自分がやらなければならないことを、自分の力で成し遂げることができると確信していないため。

② 自分に能力があると思っていても、周囲の人達がそれを認めなかったり、それによく応えてくれないため。自分がいくら努力しても思わしい結果は得られないものと考え、努力をあきらめてしまう。

したがって、人を「何もしない、無気力」といった状態から開放するには、コンピテンスと力強い自己効力の開発と、自らのたゆまぬ努力を続ける姿勢が不可欠なのである。

人間の行動というものは、どのような場合であれ、次の2つをその人がどのように考えているかを明らかにすることによって、最も正確に予測することができる（図表4-1）。つまりこの2つの要因が相互に作用し合って、人間の行動や感情体験をさまざまに規定していくのだ。

① 自己効力に関する判断（効力期待）

② 自分の行動の結果に関する判断（結果期待）

これはさまざまな内容をもった、その個人の行動の成果を他人（社会環境）がどのように受け止め、認めてくれるだろうかということに関する、その個人の期待的な判断のこと。

効力期待と結果期待は図表4-1のような関係にある。

Cに入る人は、自信に満ちた能動的な行動を育み、それを増大させていく。Aに入る人は、自分の行為のみによって望ましい社会的評価を得ることはできないが、必ずしも自ら積極的に

図表４－１　効力期待と結果期待の関係

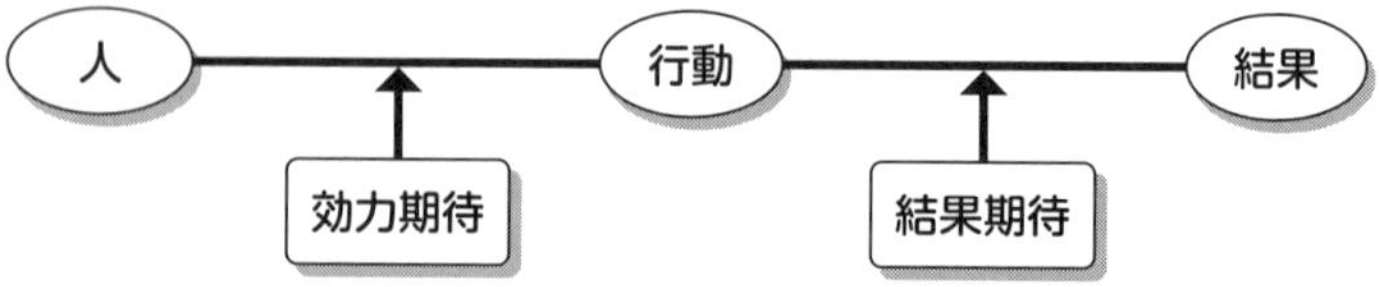

出所：祐宗也編. 1985: 37.

		結果期待	
		認めてくれない、受け止めてくれない	認めてくれる、受け止めてくれる
効力期待	高い・強い	A．社会的活動をする。 挑戦的に、抗議する、説得する。 不平・不満をいう。 生活環境を変える。	C．自信に満ちた適切な行動をする。 積極的に行動する。
	低い・弱い	B．無気力、無感動、無関心になる。 あきらめる。 抑うつ状態に陥る。	D．自己卑下する。 劣等感に陥る。 失望、落胆する。

出所：祐宗他編．1985: 133.

行動することをやめてしまったりするものではない。Ｂに入る人は、自己効力が低く、自分自身の努力によって、何ら目立った成果が得られない場合、無気力、無感動、無関心になり、物寂しい人生に打ち沈んでいく。Ｄに入る人は、自分自身を無能だと考え自信を失っているのに、他人は自分を高く評価してくれている、社会からのさまざまな恩恵に浴していると考えると、かえって劣等感を感じたり、自己を卑下したり、自分に失望・落胆したり、抑うつ状態に陥ってしまう。自分と同じように社会から認められていて、しかも自分よりも有能な他人をはっきり見せつけられたりすると、このような劣等感や自己批判の心境は避けがたいものになる。

通常、人は高いスキルをもって行動していても、社会から期待する報酬が得られなかったり、逆に罰を受けることが予想される場合、厳しい社会環境に挑戦して憤慨したり、抗議したり、説得したり、さまざまな努力をして、そのような不合理な報われない結果を変えていこうとする。しかしこのような方法がむずかしい、あるいは役に立たない場合、他に選び得る適当な場所があれば、そのような社会環境を捨てて、他の場所に自らの活動の場を求めていく。

要するに、人が何か行動を起こしたり、継続しようとするさい、最大の源泉は効力期待なのである。

2　自己効力が高まると、困難な目標達成の意欲も強まる

自己効力の高い人は、そもそもストレスの知覚も弱く、たとえ失敗してもそれ程落ち込むことなく、ものごとの達成に向かって強く努力していく傾向があるといわれる。[5] 非常に優秀な子供たちについて調べた研究がある。[6] それはＩＱがきわめて高い子供（10～11歳）約１４００名を選抜し、１９４０年と１９５０年の2回にわたり、彼らの成功と失敗の原因について調べた研究だ。この研究の結果によれば、子供たちが成功を体験したさいには、彼らはその活動にお

いて自分の能力と限界を明確に認識していて、結果として自分なりの適度の期待をもって、その活動の実現に向かって果敢に努力していた。しかも彼らの成功と失敗を決定していた次の3つの要因が発見された。

① 目標に向かっての集中力（専念の強さ）
② 忍耐力（あきらめないこと、我慢強さ）
③ 強い自己効力

天才的な子供たちでさえも、成功するには、強い自己効力をもつことが求められるのだ。

自己効力が高い人は自分が求める目標と、自分が現在までに成し遂げてきたこととの間に大きなギャップが生ずると、より一層努力しようという動機付け（意欲）が高まるといわれる。[7] つまり自己効力のメカニズムと自己評価のメカニズムの両者がさまざまな目標に対する意欲の強さを規定しているのだ。

自己評価が適正に行われるためには、そこには自らが設定した目標と、その目標に向かって自分がこれまでに成し遂げてきた成果についての情報（すなわちフィードバック）が必要である。実際の努力の成果が目標に達成していないとき、自己効力の低い人はすぐにくじけてしまうが、その高い人はますます努力して、自らが定めた目標を達成するまで頑張り続けるだろう。バンデューラによる、過酷な運動課題の達成に関する実験がある。被験者は4つに分けられた。

a．運動量を40％増加するという目標を与え、そして実際には24％の増加がみられたというフィードバックを与えられた集団
b．運動量を40％増加するという目標を与えたが、実際にはまったくフィードバックを与えられなかった集団
c．目標は与えず、運動量の変化だけはフィードバックされた集団
d．目標もフィードバックもまったく与えられなかった集団

実験後、被験者に、自分が達成した運動量にどれだけ満足したか、そしてその目標達成の自覚によって「認知された自己効力」がどのくらい高まったかを、評価させた。

この実験結果によれば、たとえば、以下のようなことがわかった。

① aの集団は、他の3つの集団（これらはほぼ同程度の運動量の増加）よりも、約3倍にも達する高い運動量の増加を示した。
② 自分の目標達成に対する自己効力が高い人ほど、運動量の増加が大きかった。
③ 自分の運動量に不満が大きい人ほど、運動量の増加が大きかった。
つまり、自分が達成した運動量の増加に対して、不満が大きい人ほど、自己効力が高かった（モティベーションが高かった）。

要するに、自分自身の課題遂行の成果に対する大きな自己不満と、自分はやればできるのだ

という強い自己効力とによって、課題遂行のためにさらに努力しようとするのである。

Self-Efficacy

2 自己効力を高める方法

1 イントリンシック・モティベーションが仕事自己効力を高める

自己効力がモティベーションに強い影響を与えていることは明らかである。これまでのモティベーション・モデル（打算的モデル）が組織におけるメンバーの多様な行動を説明していないことが徐々にわかってきた。[8] このモデルはすべて「人は組織との間で交換の価値を極大化するように行動する」という大前提を置いている。つまり人は組織の中で働くうえで、イントリンシックな報酬（仕事を通じて得られる達成感、やりがい、人間的成長、潜在的能力の開発など自己実現欲求を充足させるもの）、またエクストリンシックな報酬（金銭的報酬や昇進、職場の人間関係、上司や同僚からの認知・称賛など社会的、認知的欲求を充足させるもの）の極大化を求めているというのだ。

しかしこの前提自体に問題がある。モティベーションというのは必ずしも報酬だけで説明できるものではない。人は非打算的理由からも、モティベーションを喚起するのである。この非打算的理由を説明するベースとして、「自己に関わる諸概念」が重要な役割を果たす。つまり上述したとおり、狭義の自己概念（セルフ・コンセプト）、自己同一性（セルフ・アイデンティティ）、自己効力、自己価値、自己イメージなどである。そうであれば、これらの概念に基づくさまざまなモデルを統合し、非打算的モデルを構築し、打算的なモデルを補完すべきである。しかし非打算的モデルは単に補完するだけでなく、それ自体モティベーションを形成し得るのである（図表4-2）。たとえば自分のアイデンティティを守るためだけに、仕事に打ち込むことはまさに非打算的な理由によるものである。自己に関わる諸概念とモティベーションの関係を主として児童を対象に研究した著名な研究者[9]は、イントリンシック・モティベーションがアカデミックな領域での自己効力を規定しているという。この発見を、仕事の場に置き換えてみると、次のような主張ができるだろう。

① 仕事上挑戦的な目標を設定したり、難しい問題に取り組む人は、そうでない人よりも、仕事自己効力が強い傾向にある。

② 好奇心が強い、あるいはまたイントリンシックな関心や欲求が強い人は、そうでない人よりも、仕事自己効力が強い傾向にある。

③ 自分の力で仕事をマスターしたり問題を解決しようとする人は、そうでない人よりも、仕事自己効力が強い傾向にある。

図表4－2　モティベーション形成の基本モデル

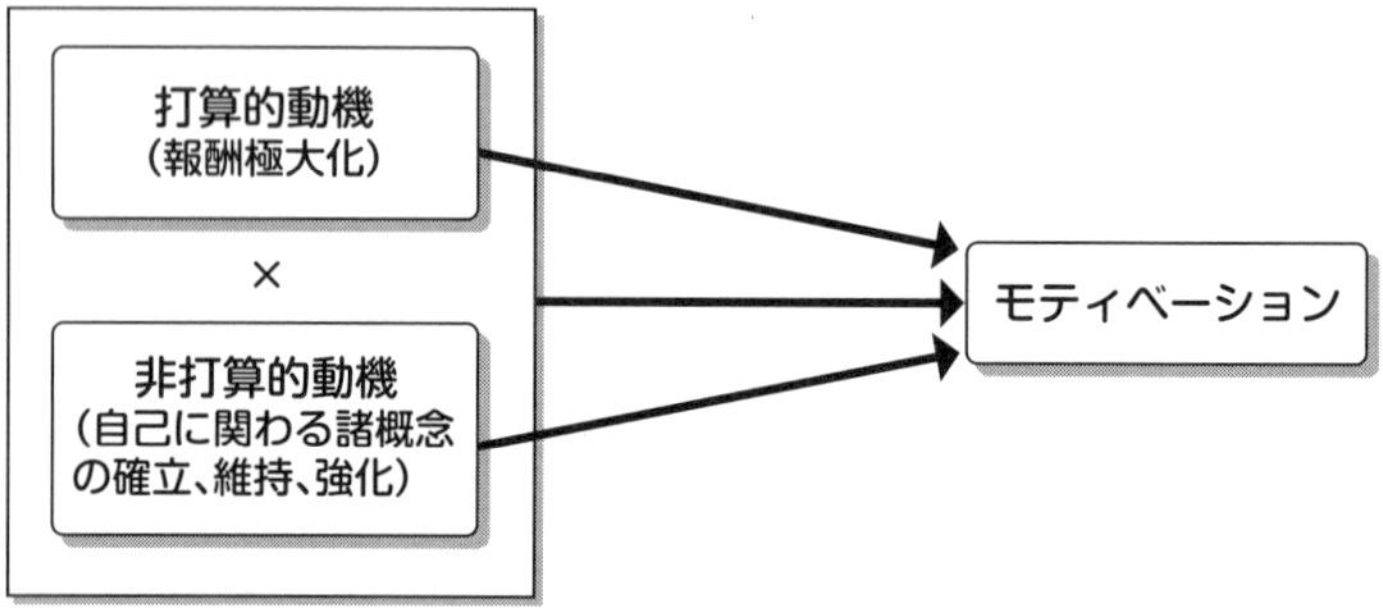

イントリンシック・モティベーションは仕事自己効力に強いインパクトを与える可能性がある。しかも仕事自己効力は仕事モティベーションに強い影響を与えている。両者は相互作用関係にあるということができるだろう。

　しかしこのイントリンシック・モティベーションと自己効力は実は自らの内面的な原因ばかりでなく、権威のある上司や信頼する重要な人たちからの言語的説得によって強められることが明らかになった。イスラエル防衛軍の特殊部隊に入隊予定の若者556名に関して、1989年夏のある1週間に及ぶ訓練で、訓練施設に到着した時と、その後について調べた研究がある。[10] この研究では、訓練担当将校が彼らの自己効力を高めるために訓示をした実験集団274名と、訓示をしなかった集団282名に分けた。訓示の内容というのは要するに「諸君は入隊に関する一連のテストで優秀な成績をあげたので、ここに招集した。過去の調査では、これらのテストの結果の高いものは志願兵訓練でも優秀な成績を上げている。各分隊の訓練担当者たちもそもそも特殊部隊に自ら志願してきた優秀な兵士である。彼らは君達を信頼し優秀な兵士に作り上げることができる」というものである。研究結果によれば、

①　訓練担当将校の訓示は、実験集団の若者達の訓練に関する特定自己効力（訓練自己効力）を全体としては強く高めることができた。とりわけ、その訓示は一般的自己効力の低い若者の特定自己効力を強く高めた。

②　訓示を受けた実験集団の若者は、そうでない集団の若者よりも、また一般的自己効力の高い若者は、その低いものよりも、特殊部隊への入隊意志（モティベーション）が強かった。

③　訓練自己効力が高まると、特殊部隊でのより高度な訓練課程へ志願しようとする意思も高まった。これはギャラティア効果（Galatea effect－ピグマリオン効果（ピグマリオン効果（pigmalion effect）とは、上司が部下に対して高い業績期待をもちそれを伝えると、部下はその期待に応えようとして、業績が向上するという効果のこと）の対概念で、部下は、上司の期待に応えようとするのではなく、自ら業績期待を高めることによって業績向上が達成されるということ）が原因だと考えられる。

要するに、特定自己効力を高めると、その特定領域に関わる行動へのモティベーションが高まるのである。しかも一般的自己効力であれ特定自己効力であれ、自己効力を高めるための最良のメッセージは「君ならできる！」（You can do it!）という言葉である。そして、それを相

手に信じさせることである。このように、言語的説得は自己効力を高める有力な方策である。

Self-Efficacy まとめ

自己効力とモティベーションの間には相互作用関係がある。仕事の意欲と努力は、社会学習理論に基づけば、自己効力とりわけ効力期待を高めることによって強めることができる。それは結果期待の影響を凌ぐレベルである。他方、自己効力はモティベーションによって強く規定されている。とりわけイントリンシック・モティベーションが仕事自己効力に強いインパクトを与えているようだ。しかも、そこにおいて信頼しているないしは権威のある他者（親、友人、上司など）による言語的説得があれば、そのインパクトはさらに強まるだろう。

これまでのモティベーション研究の主流は打算的モデルであった。しかし自己に関わる諸概念とりわけ自己効力に関する研究から、非打算的モデルの重要性が明らかになってきた。人は報酬極大化を求めて働くだけではない。自己に関わる諸概念がモティベーションに強い影響を与えることは明らかである。他方、人は自己に関わる諸概念を高めるために、働く意欲を強めるのである。

第5章

自己効力と仕事行動

　行動というのはそもそも生活体（人間や動物）が内外の刺激に対して示す反応のことである。広義には内面の感情や意志、思考などの精神活動や無意識の活動も含むが、通常は外部に現れた観察可能な活動を指す。つまり行動は環境からの刺激や生理状態によって引き起こされ、特定の目標（対象や事態）の達成・実現を求める活動のことである。現在、人間の行動のメカニズムを説明する代表的な理論としては、フロイトが開発した精神力動的モデル、ワトソンの行動主義的モデル、ヤスパースの認知心理学的モデル、マズローやロジャースの人間学的モデル、マーチ＆サイモンの不満足-行動モデル、レヴィンのグループ・ダイナミクス・モデル、ローラーの期待理論モデル、そしてバンデューラらに代表される社会学習理論的モデルがある[1]。

　社会学習理論的モデルによれば「現在の行動は過去の行動プロセスとその結果、および個人的要因や環境要因すべてが互いに関連しあって生起する」という相互決定論的モデルである。このモデルで行動における自己効力の働きの重要性が決定付けられたということがいえるだろう。

Self-Efficacy

1 自己効力の効果

1 自己効力を高めると求職活動や職業・キャリア選択の成功につながる

自己効力は求職活動や職業選択、キャリア選択・開発、仕事目標の設定などに強い影響を与える。自己効力は自分自身の行動に対するさまざまな判断に強い影響を与える。われわれがどのような行動をこれから選択していこうとするのか、どれだけ努力をすべきなのか、困難や思わしくない出来事に対してどのように対処するのかなどは、この判断いかんによって決まる。この判断は自己効力によって形作られているのである。[2]

バンデューラは、自己効力が職業選択に重要な影響を与えていることを明らかにしたベッツ&ハケットのモデルを取り上げている。[3] それは女性の職業選択が男性のそれといかに異なっているかに注目して、次のような主張をしている。「職業が伝統的に男性のものであろうがなかろうが、そんなことには関係なく、男性は常に同程度の自己効力を示す。それに対して、女性は伝統的に女性のものであると考えられている職業に対しては、高い自己効力を示すが、男性優位の職業に対しては、低い自己効力しか示さない。実際の言語能力や数量化の能力などでは男女間に著しい差はみられない。もしこの前提に立てば、職業選択の男女間の相違は、認知された自己効力によるものだということができる。しかしながら、認知された自己効力のレベルは本来、職業選択の幅や、職業への興味の強さなどに男女の別なく等しく影響するものと考えられる。ちなみに、自己効力の働きには本質的に年齢差や性差はみられないのであり、また文化の違いにかかわらず、人間の行動一般を喚起する原動力として作用するものなのである」。

職業選択のみならず、職業でどのようなキャリア開発や仕事目標を設定していくのかにも自己効力が重要な影響を与えていると、レントらは主張し、バンデューラの社会的認知理論に基づいて「キャリアと職務上の目標の選択理論」を開発した[4]。それは、キャリアと職務上の目標の選択は自己効力と選択結果に対する期待によって決定されるというものだ。

さらに、求職活動に関する自己効力が実際に就職先の獲得に直接的かつ間接的に影響を与えていることも明らかになっている[5]。大学生は求職活動上の自己効力が高い人ほど、以下の特徴があった。

① 面接で高い評価を得た。
② 採用される可能性が高かった。
③ 自分が職務にフィットしていると感じる傾向が強かった。

これは「個人‐職務の適合度知覚」のことだ。ただしこの適合度は、求職者の次の2つの知覚（会社の職務と自分の職務願望の一致度、会社の要求と自分の能力の一致度）を測定することによって得られる。

しかし失業者の求職活動と再就職の関係はもっと複雑なものであることを発見した研究がある。[6]それはイスラエルの失業者66名（事務職・経理職・教師・機械工・エンジニア、失業期間2～18週間、女性38名）を2グループに分け（実験集団32名、コントロール集団34名）調べた。ただし実験集団だけには、一般的自己効力向上のためのワークショップを受けさせた。両集団ともに、実験に入る前と、ワークショップ終了後、そして実験2ヵ月後に一般的自己効力テストを実施した。このワークショップというのは、最初に再就職に成功した人がどのように就職活動をしていたのかについての4～5分程度のビデオをみせた。次にそのモデルの行動の適正さに関して討論をさせ、小集団でロール・プレイングを実施させ、参加者の行動について他の参加者に評価・改善案を主張させた。そのさい、訓練者や他の参加者が与える評価や激励が貴重な言語的説得になった。研究結果によれば、

① 失業期間が長い人ほど、実験直前の一般的自己効力は低かった。また実験直前の一般的自己効力が低い人ほど、失業期間が長かった。

② ワークショップは一般的自己効力を高め、結果として求職活動が活発化した。

図表５－１　再就職の可能性と一般的自己効力

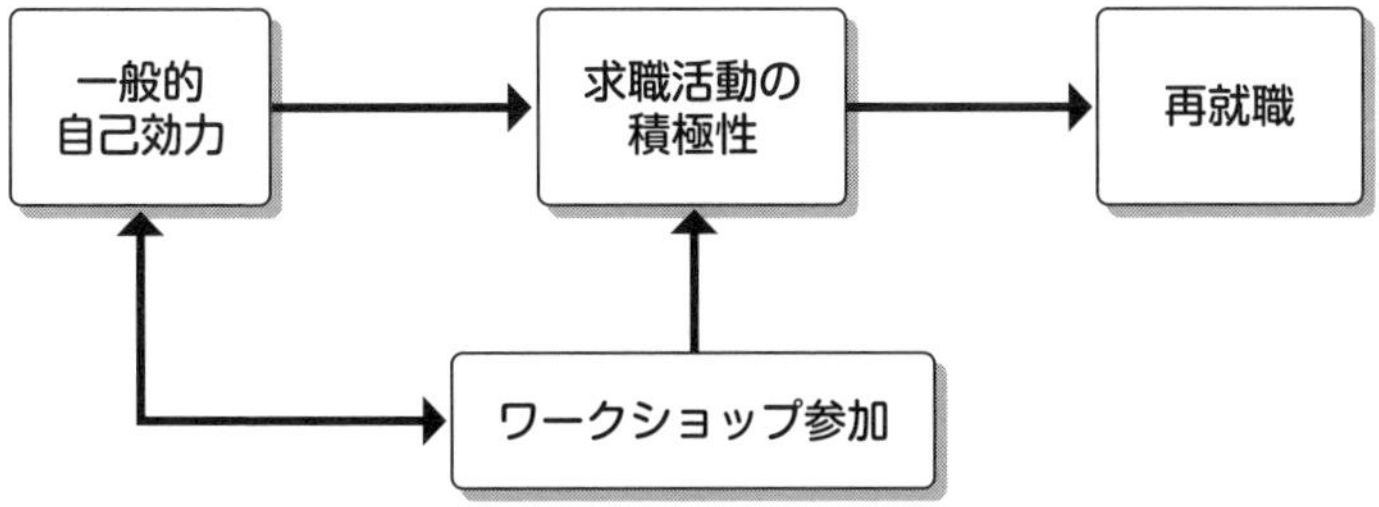

③ 実験前の一般的自己効力と、ワークショップに参加・不参加かどうかが「積極的な求職活動」に対して有意な主効果を示した。

とりわけ実験前の一般的自己効力の強さが求職活動の積極性の鍵であった。

④ ワークショップが求職活動の積極化に与える影響は、実験直前の一般的自己効力の強さの程度によって異なる。

とくに一般的自己効力が低い人がワークショップを受けると、求職活動が非常に活発になった。しかし一般的自己効力が低い人がワークショップを受けていない場合、彼らは求職活動をほとんどしていなかった。

⑤ 再就職可能性は、実験直前の一般的自己効力の高い人ほど高かった。

つまり実験直前の一般的自己効力の高い人は、ワークショップに参加しようがしまいが、再就職の可能性が高かった。しかし実験直前の一般的自己効力の低い人は、ワークショップに参加した人の方が再就職の可能性が高かった。

要するに、再就職の可能性は一般的自己効力、求職活動の積極性、ワークショップ参加・不参加の3つの要因によって強く影響される（図表5-1）。しかもワークショップが再就職の機会を高めるのは一般的自己効力の低い人の場合だけで、それはワークショップが求職活動を積極化させたためである。

これら2つの研究は前者の研究では求職活動に関する自己効力、後者の研究では一般的自己効力と、自己効力それ自体の捉え方が違うが、いずれにせよ自己効力が高い人ほど、就職あるいは再就職の確率が高まるのである。

2 創造的自己効力は創造的活動の最大の源である

前述の創造的自己効力の形成モデル（59頁）で取り上げた研究[7]によれば、次のような非常に興味深い発見があった。

① 職務自己効力の高いブルーカラーは、優れた創造的行為を発揮していた。しかもこの関係はホワイトカラーにはみられなかった。

② 創造的自己効力の高い従業員ほど、創造的行為（創造的行為測定の6項目を監督者が評価）を発揮していた。この関係はブルーカラーとホワイトカラーに共通にみられた。

③ しかし創造的行為形成の決定要因がブルーカラーとホワイトカラーでは非常に異なってい

た。

ブルーカラー・サンプルでは5つの要因（職務経験年数、職務自己効力、創造的自己効力、監督者の支援、職務の複雑さ）が創造的行為形成の決定要因であった。他方、ホワイトカラーでは、2つの要因（創造的自己効力、職務自己効力と創造的自己効力の相互作用）だけが創造的行為形成の決定要因であった。この相互作用が意味するところは、ホワイトカラーの創造的行為は、2つの自己効力がともに高い場合に、最高のレベルであったということだ。しかも、この相互作用の影響力は、創造的自己効力のそれよりも強かった。

では両サンプルで、なぜこのような違いが生まれたのだろうか。研究者たちは創造的自己効力の形成のメカニズムに原因があると考える。そもそもブルーカラーは歴史的にみて、仕事の内容や手続きが会社側から一方的に与えられていて、仕事のやり方に革新を求められる傾向があまりなかった。つまりブルーカラー側からすると、創造的自己効力を形成していく経験や努力が抑圧されてきたともいえる。そうであれば、職務経験年数が長くなるほど、自分が創造性を発揮できるという自信が失せてしまうだろう。しかしながら今回の研究では一般に、ブルーカラーは勤続年数が長くなるほど、創造的自己効力は低下するが、創造的行為は高まるということを発見している。しかしとくに、複雑な職務を遂行し、職務経験年数の長い人ほど、創造的自己効力が高かった。しかもこのような関係はホワイトカラーには一切みられなかった。

要するに、現段階では創造的行為と創造的自己効力の主要な先行要因に関して、両サンプル間の違いの原因は十分な説明ができないが、一般的にいって、創造的自己効力が創造的活動の最大の源泉だということができるだろう。

3　情報探求活動の成否は情報処理自己効力の強さによって決まる

すでに第2章1節5項で情報処理能力と知識自己効力の関係を明らかにした。ここでは情報処理能力プロセス全体と自己効力の関係を検討したい。

そもそも心理学の世界で情報という概念が使われるようになったのはシャノン（Shannon, C.E.）の『数学的通信理論』（1948年）に端を発するといわれている。[8] 創造力や直観力、問題解決能力、判断力なども情報処理能力行使の結果の1つである。情報処理能力プロセスというのは基本的に有機体が環境（内的、外的）から特定の刺激をインプット情報として受け取り、それをある目的や問題の解決のために解釈・加工し、アウトプット情報として、再度環境に放出するプロセスのことである。したがって情報処理能力のプロセスないしシステムは基本的に入出力機構、情報貯蔵機構、（狭い意味での）情報処理機構の3つから構成される。人間のような複雑な有機体の場合、処理機構をさらに制御する監督処理機構（マスター処理機構）と呼ばれるものがある。この情報処理能力プロセスでは認知、記憶、想起と再認、組織化、思考、理

図表5－2　情報処理自己効力の構造

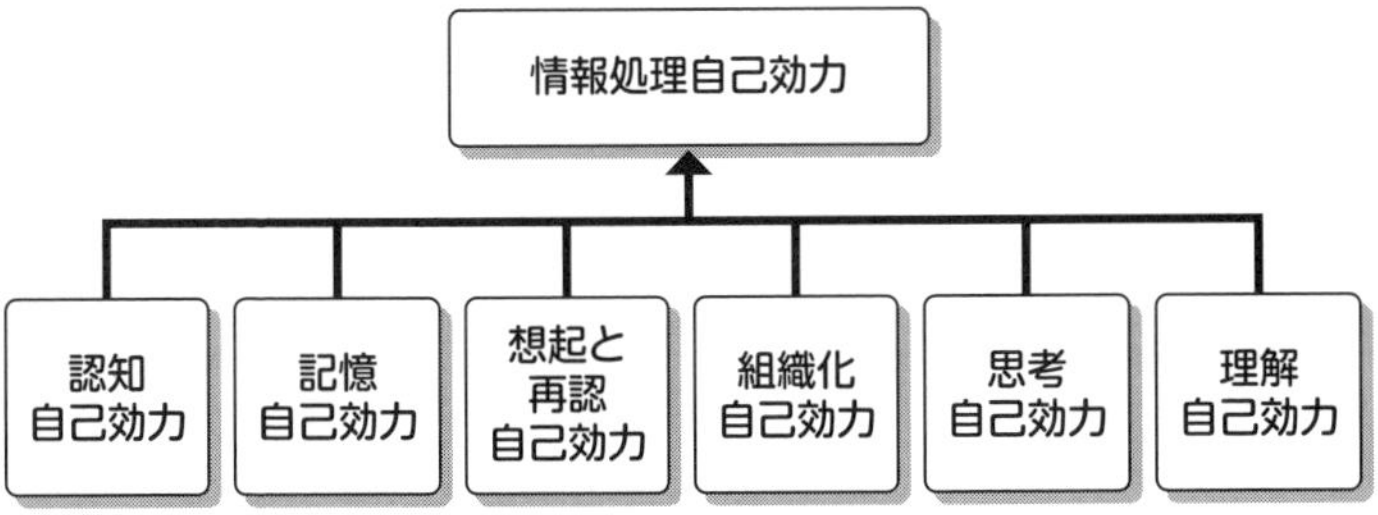

解といった認知心理学上の重要な問題が関わっているのである。つまり情報処理自己効力（情報処理能力プロセスに関する自己効力）はさらに6つの下位自己効力から構成されているということができる（図表5-2）。

しかしもう少し正確に述べると、情報処理は現在基本的に次の3つの作用を包摂するものとして理解されている。

① スキーマを形成もしくは活性化する。
② そのスキーマを使って、インプット情報を統合化する。
③ 新しいインプット情報に適応できるように、既存のスキーマを新しくしたり修正したりする。

ちなみにスキーマというのは知識構造（認知構造）のことである。つまりこれは過去の情報処理の結果、獲得され蓄積された情報（知識）が構造化されたもので、環境からの新しい刺激（情報）を組織化したり解釈するうえでの基本的なフレームワークとして働くものである。

ところで、この情報処理能力プロセスが企業の活動や管理の場でいかに重要な働きをしているかについてはすでに多くの研究がある。たとえば経営戦略の策定や選択となると、トップ・マネジメントの情報処理能力が問われることになる。組織メンバーは自分や自セクションを取り巻く、不確実な環境の下で仕事をしていかなければならないだけに、情報処理能力の重要性は看過できないものである。環境の不確実性知覚に関して、次のようなモデルが開発されている。

① 環境の不確実性知覚の程度は、知覚された環境特徴と、個人属性の多様性によって規定される。

② 個人属性の多様性は、情報処理能力、組織の期待の知覚、職務経験の多様性の3つの要因によって決定される。

したがって、動的で複雑な環境下の意思決定者ほど、環境の不確実性を強く知覚する。しかも情報処理能力の高い人（ここでは、状況の曖昧さに対して強い耐性をもっている人のこと）は、その低い人よりも、状況を不確実だと知覚する傾向が小さい。職務経験は次の3つから環境の不確実性に影響を与えるが、この職務経験の多様性には情報処理能力と直接的な相互作用関係がある。

① 職務経験の多様性は個人の潜在的行動のレパートリーの数を増やす可能性がある。

② 行動レパートリーの数の増加は環境からの情報の処理能力を高めるから、知覚される不確

実性の減少に通じる。

③　人はとくに経営者は環境特性の自己知覚に基づいて組織のドメイン（事業領域）を定義する。このドメインの定義が組織の行動上重要な環境特性を定義することになる。そしてこの環境特性が組織全体に対して不確実性をもたらし、個々の組織メンバーにそれぞれの不確実性を生むことになるのである。

このように組織メンバーは自己を取り巻く、不確実な諸環境の下で職務を遂行しなければならないだけに、情報処理能力の重要性は看過できないものである。まして経営戦略の策定・選択となると、トップ・マネジメントの情報処理能力がその成否を決めるのである。したがって組織の存続発展は基本的に組織の情報処理自己効力に、つまり組織メンバーの情報処理自己効力に依存するといっても過言ではないだろう。

Self-Efficacy

2 自己効力を高める方法

1 失業は仕事自己効力を大きく損なう

失業という状態は単に生活の経済的な基盤を失うというだけでなく、心理的に大きな苦痛を生み、家庭の経済状態は生活のストレスや満足、幸せ感に強い影響を与えているが、実は一般的自己効力にも強い影響を与えている。中国の普通の家庭の大学生164人と貧困家庭（1ヵ月当たりの平均所得200元（約24ドル）以下）の大学生を比較した研究[9]によれば、普通の家庭の大学生の方が明らかに生活の幸せ感も生活上の自己効力も高かった。

自己効力は前述のとおり自己価値と密接に関連している。この自己価値は失業の期間とともに低下するが、再就職すると復活してくるのである。この点は多くの研究者が明らかにしている[10]。つまり人は失業することによって自己価値が低下していくと、自己効力も低下し、無力感、無能感にさいなまれていく。そうすると、自分は再就職できるのだという気持ちも失せてきて、職探しにも身が入らず、再就職の可能性自体が低下し、さらに自己効力が低くなっていく。悪循環に陥っていくのである。つまり失業期間が長引くほど、自己効力はますます低くなっていき職探しも積極的にしなくなり、結果として再就職の機会が失われていくのである。

確かに、失業者は働いている人達に比べ、明らかに生活の幸せ感も一般的自己効力も低かった[11]。とりわけ一般的自己効力が低かった。失業者の生活の幸せ感に強く影響している要因は一般的自己効力と、働くことへのコミットメント（意志、意欲、義務感から成る）であったが、このコミットメントは失業者と働いている人の間で有意な差はなかった。つまり、失業者の生活の幸せ感と働いている人のそれとの最大の違いは一般的自己効力の強さにあった。

要するに、雇用状態は一般的自己効力に強い影響を与え、その結果生活の幸せ感にも強い影響を与えるのである。

2 ポジティブな経験を継続的にすると情報探求活動の自己効力が高まる

一般に、ある活動やタスクに関してポジティブな経験（楽しい、面白い、達成感が得られた、周囲の人達から評価された・認められた、など）はその活動やタスクに関して自己効力を向上させるといわれる。それでは購買行動に関してはどうだろうか。たとえばオンライン・ショッピングのさいの情報探求活動の難易度がその情報探求活動の自己効力の発達に強い影響を与えているかどうかに関する研究がある。[12] この実験のサンプルは136名の大学生で、ショッピングの対象は携帯電話機、デジタルカメラ、ラップトップ型コンピュータであった。研究結果によれば、以下のことがわかった。

① オンライン・ショッピングで情報探求活動の自己効力がグループ平均に近い人達36名を調べると、人は継続的にポジティブなタスク経験をすると、つまりその情報探求活動が簡単で楽しく、役に立つといつも思うと、その情報探求活動の自己効力は線形に高まっていく。他方、それが面倒臭い、難しい、あまり役に立たないといつもネガティブな経験をするほど、情報探求活動の自己効力は低下していく。しかもその低下はネガティブな知覚を初めてした後に急激に曲線を描いて低下していく。

② オンライン・ショッピングで情報探求活動の自己効力がグループ平均よりも高い、低い人達100名を調べると、オンライン・ショッピングで情報探求活動の自己効力が低いグループでは、その高いグループよりも、その情報探求活動をポジティブに知覚するほど、その自己効力の向上が高かった。さらに、情報探求活動の自己効力が高いグループでは、その低いグループよりも、その情報探求活動をネガティブに知覚するほど、その自己効力の低下が大きかった。

要するに、本研究結果は次のことを明らかにしているのである。

① ポジティブなタスク経験がその自己効力を高める効果の大きさは、その当初の自己効力の強さによる。ポジティブなタスク経験はその自己効力が高い人たちよりも、低い人たちの場合に、自己効力を強く向上させる。

② 逆に、ネガティブなタスク経験がその自己効力を低める効果の大きさも、その当初の自己効力の強さによる。つまり、その自己効力が低い人たちよりも、高い人たちの場合に、明らかに大きいものだった。

すなわち、経験というものは、それがポジティブもしくはネガティブのいずれにかかわらず、特定自己効力に異なるインパクトを与え、しかもその経験が連続的か不連続かによっても、特定自己効力の発達に違いが生まれるのである。

確かに、このように過去の楽しかったとか嬉しかったという経験が情報探求活動の自己効力を高めるというのはなにもショッピングの場に限らずさまざまな状況で確認できるだろう。しかし自己効力の形成・変化はその個人の経験ばかりでなく、集団からも強く影響づけられる。たとえば職探しの自己効力の変化に関する研究がある。[13] サンプルは米国西部のNPO，公共の教育機関、連邦政府の訓練機関の3か所で実施された職業訓練のワークショップに参加した169ワークショップ・グループ（各グループには4～6人の訓練者を配置）計1202名（平均年齢38・9歳、男性43％、女性57％、平均教育年数13・3年）である。研究結果によれば、参加者の職探しの自己効力の強さは以下の要因によって有意に決定されていた。
第1位　グループのオープンな風土
第2位　グループにポジティブな感じがある
第3位　低い学歴
この3つの要因が非常に強い影響力を示していた。次に強い影響力を示した要因は、
第4位　教育内容の多様性
第5位　訓練者の支持的リーダーシップであった。
他の要因（たとえば年齢、性、人種）は有意な影響を与えていなかった。

要するに、職探しの自己効力というのはその人の個人的特徴（職務の経験と能力、人柄、学歴など）のみならず、訓練グループの風土やリーダーシップなどによって強めることができるのである。

Self-Efficacy

まとめ

自己効力は求職活動や職業選択、キャリア選択・開発、仕事目標の設定、創造的活動、情報探求活動、さらに生活の幸せ感にも強い影響を与えているようである。しかし生活の幸せ感に対しては雇用状態と一般的自己効力が大きな働きをしているようである。雇用状態は一般的自己効力に強い影響を与え、その結果生活の幸せ感にも強い影響を与えるのである。

しかし、一般的自己効力と生活の幸せ度の関係に限って、わが国で働いている人たちについての研究によれば、一般的自己効力と生活の幸せ度の関係は職業によって非常に異なっていた。[14] 会社員と看護師ではだいたい同様の傾向がみられた。つまり一般的自己効力が高い人ほど、一般的自己価値が高く、仕事上の精神的健康度も高く、心身の不調の知覚も低く、生活の幸せ度は高かった。しかし公務員の場合、一般的自己効力の高い人ほど、一般的自己価値だけが高くなり、そして生活の幸せ度が高くなっていた。さらに若いOLと看護師を比較すると、若いOLの場合、一般的自己効力の高い人ほど、仕事上の精神的健康度は高かったが、現在の職場の全体的満足が低かった。しかし若い看護師の場合は、一般的自己効力の高い人ほど、一般的自己価値が高く、仕事上の精神的健康度も高かった。要するに、一般的自己効力が一般的自己価値や他の職務態度に与える影響は、職業と年齢によって大きく異なる可能性がある。つまり一般的自己効力と生活の幸せ度の関係だけに限っても、まだ明確な主張はできないかもしれないが、自己効力が仕事や家庭での満足も含めさまざまな行動局面に大きな影響を及ぼしていることは間違いないだろう。

また、情報探求自己効力は基本的にポジティブな経験の積み重ねを通じて高まっていく。しかし求職活動の場合、就職情報探求自己効力は職務の経験と能力、人柄、学歴などの個人的特徴のみならず、教育訓練によって高めることができるだろう。ただしそのさい、教育訓練の場でどのようなリーダーシップが行使され、どのような集団風土が存在しているのかが重要な働きをするようである。つまり自己効力はその人の個人的要因と組織的要因によって形成されるようである。

第6章

自己効力と教育・訓練

組織における人材育成というのはそもそも管理者や一般従業員を組織の成長・発展のために有為な人材に育て上げることを目的としている。この人材育成とは、人の価値観や知識、能力、スキル、態度、意欲なども含む全体的な人間力向上を指すと同時に、それらをある一定レベル以上に高めるというよりも全体としての育成の結果の意義を重視する。

人材育成で最大の促進条件でもあり制約条件はいうまでもなく、育成される側の学習意欲である。しかし人材育成プロセスが育成者（機関）、教育情報、被育成者の３つの要素から基本的に構成されるかぎりは、その成否を決めるのは被育成者の社会的プロセスである。つまり育成者と被育成者の間の認知と信頼関係が人材育成の要である[1]。しかし近年、学習意欲が３つの自己に関わる諸概念（自己効力、自己価値、自己同一性）によって強く規定されていることが明らかになっている。

それでは、自己効力は人材育成プロセスでどのような働きをしているのだろうか。なお本章のタイトル「教育・訓練」はそれよりもう少し広い概念の人材育成として捉えてもらいたい。

Self-Efficacy

1 自己効力の効果

1 被訓練者の自己効力が教育・訓練の効果を高める

過去のさまざまな研究の結果、自己効力を高めると、対人スキル訓練や軍事訓練プログラム、コンピュータ操作の訓練などで好成績が生まれていることがすでに発見されている。[2] さらに以下のことも明らかであるといわれる。

① 訓練プログラムに積極的に参加している人で、自己効力の高い人ほど、訓練成績が高くなった。訓練終了時に自己効力レベルが高い人ほど、訓練後高い職務業績を上げた。

② 空軍の整備士の訓練で自己効力の高い人ほど、訓練後やりがいのある（挑戦機会の高い）職務を求めた。

③ 自己効力の高い人ほど、訓練へ積極的に参加し、訓練終了後の出勤率も高かった。

そもそも訓練の有効性というのは単にそのプログラムの内容と教育方法の質によるのではな

い。訓練の有効性について次のようなモデルがある。[3] つまり、訓練の有効性の程度は、被訓練者の個人的要因と状況要因によって決まるというものである。ここで被訓練者の個人的要因というのは被訓練者の個人的目的、訓練に関する目標、自己効力（訓練の前、途中、後）、自己規制的行動、訓練によって得られるもの（こと）に対する期待、などを指す。状況要因とは正の強化要因（報酬、満足）、負の強化要因（処罰）、社会化プロセス、集団のプロセスと構造、などを指す。このモデルはきわめて一般的なもので、何を訓練するのか、どの程度訓練するのか、だれを訓練するのか、どういう状況で訓練するのかによって、独立変数は非常に変わっていくのである。

過去のさまざまな研究成果を検討して2つの問題を指摘し解決を試みた研究がある。[4] 1つは特定自己効力が訓練の過程を通じてどのように変化していくのか、2つ目はその変化が訓練結果とどのような関係にあるのかである。この研究は、そのさい上記のモデルに基づいて、特定自己効力と訓練の有効性の関係を体系的に、より詳細に解明しようとした。この研究が検証しようと試みたモデルは次のようなものだ（図表6-1）。ただし、本節では特定自己効力の高さが訓練結果に与える影響に焦点を当てる。

この研究は、ペンシルベニア州立大学のボウリング入門コース（8週間）を受講している学部生560名を対象にした。授業の最初の日（有効回答者280名）と第4週目（有効回答者215名、男性58%、女性42%）に調査票を配付した。研究結果によれば、スキル訓練プログラム

図表6－1　特定自己効力が訓練結果に与える影響

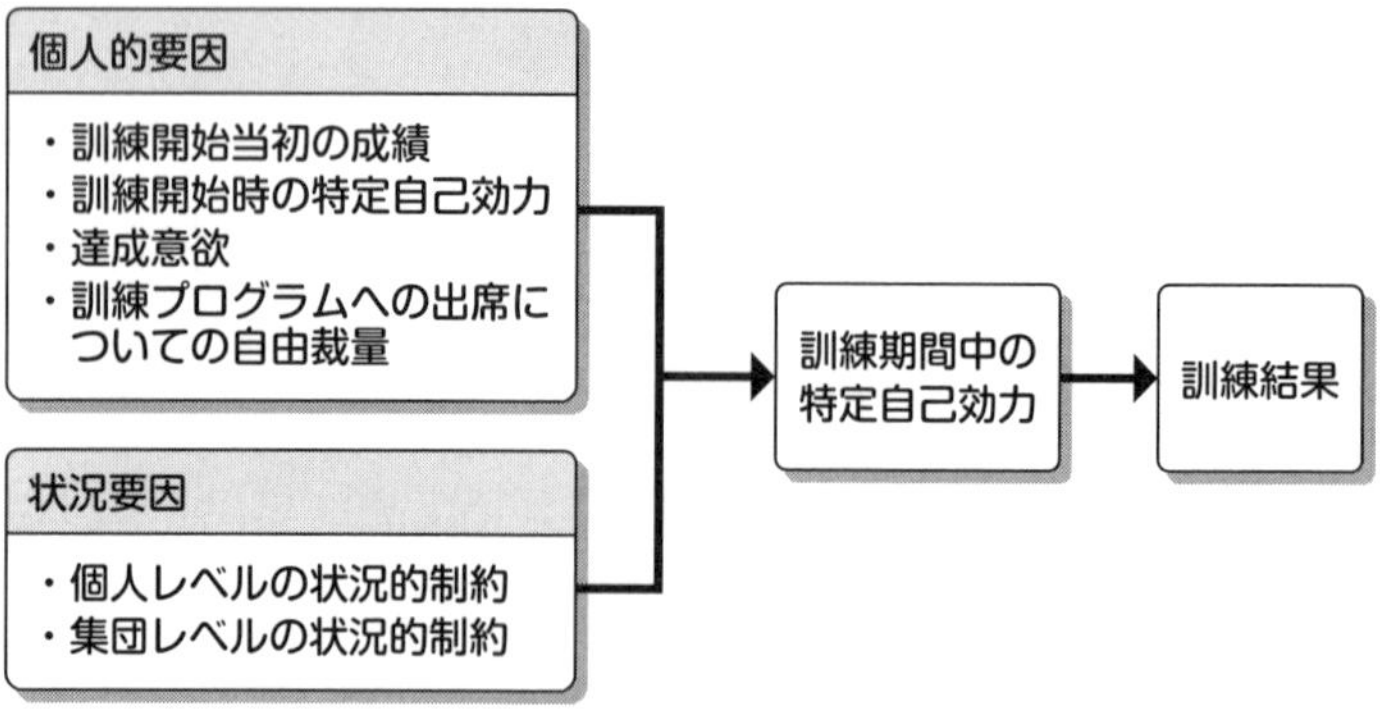

出所：Mathieu et al. 1993: 127.

の内容ややり方に対する態度や開始時の特定自己効力は訓練成績と直接的な関係はなかった。それよりも、訓練開始当初の成績（業績）と訓練途中の特定自己効力の向上に強く決定されたのである。

　この研究結果は、コンピュータ操作の訓練や対人スキル訓練、軍事訓練プログラムなどに関する研究結果と一致していると指摘されている。しかし訓練当初もしくは訓練前の自己効力の強さの影響力は否定されている。彼らのレビューの結果からしても、訓練前の自己効力が高い人ほど、訓練に積極的に参加し、取り組むはずである。そうだとすれば、このボウリングの授業で、学生達の間で、授業の進め方や指導者の人間性などによって興味を、また達成感を失っていったものが多かったのかもしれない。いずれにせよ、教育・訓練というのは何を、どんなプログラムを用いて、どのように、どの程度訓練しようとも、基本的には「訓練者‐被訓練者」の間の相互作用を通じて行われるものなのである。[5]したがって、このボウリングの授業で「訓練者-被訓練者」の間の相互作用関係（両者の認知・信頼関係に基づく）をもっと詳細に調べるべきであったのではないだろうか。この点は、企業などで実施される教育・訓練の場では、さらに重要な意味をもつだろう。いずれにせよ、訓練自己効力が訓練の成果を強く規定することは間違いないであろう。

Self-Efficacy

2 自己効力を高める方法

自己効力は教育・訓練の成果を高めることができるし、自己効力は教育・訓練によって高められる。つまり自己効力と教育・訓練の成果は相互作用関係にあると考えられる。しかしながら、教育・訓練が自己効力を高めるうえで重要な方策であることを明らかにする研究が意外に少ないといわれる。[6]

1　ステレオタイプや偏見を捨てると教育訓練の自己効力が高まる

年齢に関するステレオタイピングと訓練に関する特定自己効力の関係について調べた研究がある。[7] 研究者たちは「人は自分がさらに伸びる（発達できる）と強く信じている場合、その人はたとえいくつになっても伸びる可能性がある。しかし年齢に関するステレオタイプを強く信じている人は自分の能力向上に関して自信がない」という。ここでいうステレオタイプというのは「人は歳をとっていくと、学習や開発に関心を失っていき、その能力も低下し、成果も低下するだろう」というものだ。このステレオタイプを強く信じている人は訓練・開発に関する自己効力が低い人なのではないかと、彼らは考えた。そこでサンプルとして、無作為に電話で研究協力者を捜した結果、１３４名（全員会社員、管理レベルも職種もさまざま、平均年齢53・4歳、男性56名、女性78名）を得た。研究結果によれば、このステレオタイプを強く信じている人ほど、次のような考え方をしていた。

① 高齢労働者ほど、自分の訓練や開発活動への関心が低い。
② 高齢労働者ほど、訓練・開発に関する自己効力も低い。

つまり、訓練・開発に関する自己効力の強さは年齢に関するステレオタイピングの強さによって強く影響付けられているのである。このように、ものの考え方や信念の強さによって、自己効力が変わるということは、逆に、自己効力が変われば、ものの考え方や信念も変わっていく可能性もあるということでもある。

それでは、訓練自己効力は訓練の成績に有意な影響を与えているのだろうか。また両者の間には相互作用関係があるのだろうか。訓練後の自己効力と訓練成績の関係についての研究がある[8]。これは米国南部のパイロット養成所の訓練生152名（大半が男性、平均年齢26・3歳）に関する研究だ。訓練生には1～2週間のシミュレーターによる飛行訓練と、実際の飛行中のコックピット内部の訓練が実施された。一般的に、訓練自己効力は訓練の成果に重要な影響を与えるといわれるが、本研究では、訓練の成果に重要な影響を与えるものは、第1が訓練を受ける前の実際の飛行経験で、第2がシミュレーターによる訓練の成績と一般的自己価値であった。訓練自己効力は訓練の成績に有意な影響を与えていなかった。また両者の間には相互作用関係がみられなかったが、訓練自己効力は一般的自己効力と一般的自己価値によっても強く規定されていた。このパイロット養成の研究では訓練自己効力の訓練成績への影響が認められなかった。

しかしながら、そもそも自己効力は教育・訓練の成果を高めることができるし、自己効力は教育・訓練によって高められると、多くの研究によって一般に考えられている。

2 訓練開始時の自己効力が高いと訓練後に高い職務業績を達成する

教育訓練を通じて仕事自己効力を高めることができる。一般に教育訓練がどのような内容なのか、どのようにして、いつ、誰に対して、誰が行うのかによって効果が異なる。しかしこのような一般的な主張ではなく、近年、訓練自己効力の重要性が強く指摘されてきた。そうすると、訓練の成果（結果）に対して訓練前の訓練自己効力、訓練開始初期の訓練自己効力、訓練途中の訓練自己効力、訓練終了後の訓練自己効力のうち、どの時期の訓練自己効力が最も効果があるのかという問題が起こる。これまでの研究結果によれば、どうも訓練前の訓練自己効力が最も重要なようである。つまり訓練前の訓練自己効力の高い人ほど、訓練の効果が高いのである。

そこで、まず訓練開始時の訓練自己効力が訓練途中の訓練自己効力とどのような関係があるのかを考察してみよう。訓練開始時の訓練自己効力が高ければ、訓練途中の訓練自己効力も高くなるのだろうか。

上記のボウリング入門コースの研究者たちは、開発した訓練自己効力の形成モデル（図表6-1）の検証を試みている。彼らは訓練途中の訓練自己効力の強さというのは、被訓練者の個人的要因と状況要因によって強く影響されると考えた。サンプルは上記と同じく、ペンシルベ

図表6－2　訓練自己効力の形成モデル

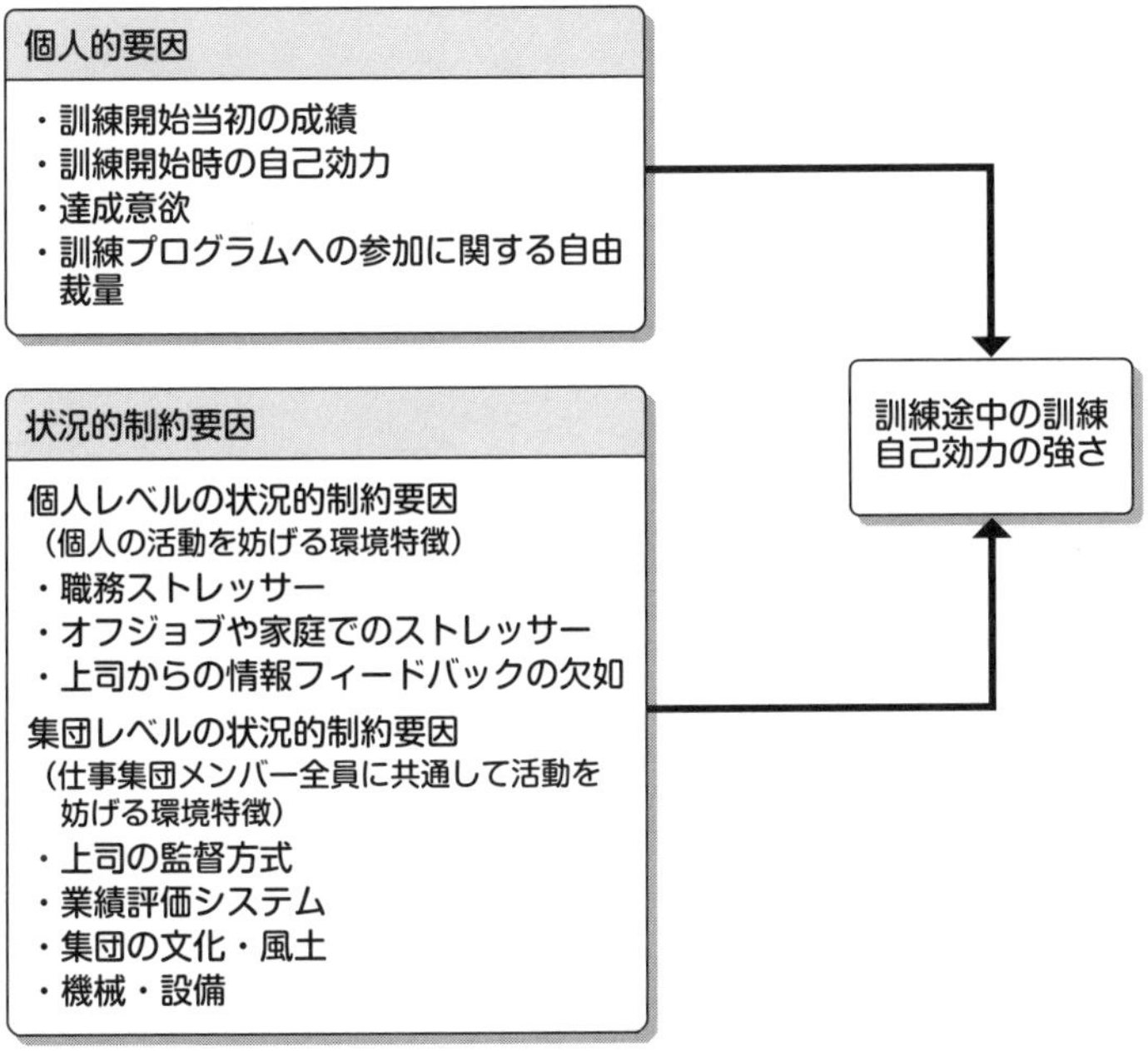

ニア州立大学の学生である。研究結果によれば、訓練途中の訓練自己効力の強さに有意に強い影響を与えていた要因は訓練開始時の自己効力だけであった。訓練開始当初の成績、訓練プログラムへの参加に関する自由裁量、達成意欲などの他の要因は有意な影響を与えていなかった。また、被訓練者の中で訓練途中に訓練自己効力が高まっていると感じた人ほど、訓練の楽しさ、面白さといった情緒的反応を訓練途中に感じていた。訓練に対する情緒的反応が訓練開始時と訓練途中の自己効

力を高めているのでなかった。しかも、この情緒的反応は、2つの状況的制約要因を強く感じていた人ほど、悪化していた。ただしこの2つの制約要因のうち集団レベルの制約の方が強い影響力をもっていた。

要するに、訓練開始時に高い自己効力をもっている人は、訓練途中でも自己効力を高めることができ、訓練後も高い自己効力を達成できる。その高い自己効力が高い職務業績を生む可能性がきわめて高いのである。

この研究結果は、大学生の授業の場での発見であるが、タスクの重要性（学生にとっての授業、会社員にとっての職務）を考えると、企業の教育訓練の場にも適用できるだろう。こういう見地から、筆者はあえて上記の図表6-1を図表6-2に修正したのである。

それでは、もう少し視野を広げて、訓練前の訓練自己効力が訓練後の訓練自己効力および職務態度・モティベーションにどのような影響を与えているだろうか、つまり訓練によって自己効力やモティベーションなどがどのように変わっていくのだろうかについて検討する。これを体系的に解明しようとした研究[9]は、まず過去のさまざまな研究成果を検討して概念的モデルを作成する（図表6-3）。彼らは、訓練プログラムの有効性を評価する場合は、単に訓練後の業績改善で判断するのではなく、そのプログラムが被訓練者にどのような情緒的な変化（態度変容）を与え、学習意欲を高め、行動をどのように変えたのかということも重視しなければならないと考える。この図表に関して少し説明を加えると、たとえば、以下の特徴がある。

図表6－3　訓練参加の先行要因－訓練－訓練後の職務態度の関係

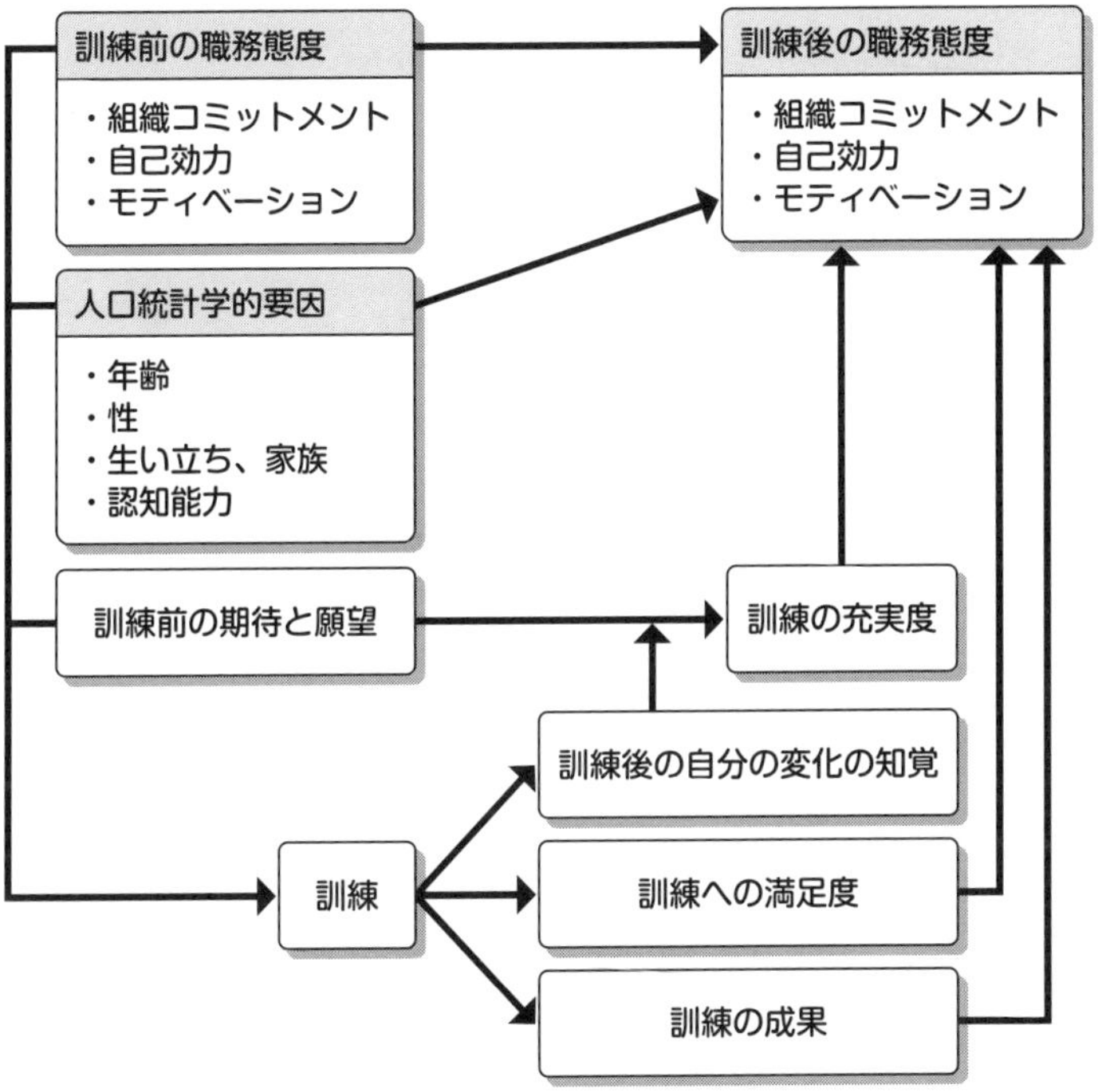

出所：Tannenbaum et al. 1991: 762.

① 訓練前に自己効力が高い人ほど、訓練に真剣に取り組み、変化や新技術の活用にも積極的な姿勢を示し、訓練成果も高くなる。

② 組織コミットメントの高い人ほど、訓練が自分にとっても組織にとっても重要なものだと考える。またそのコミットメントは入社初期の訓練内容に強く影響

づけられる。

③ 仕事モティベーションの強い人ほど、訓練でより多くのことを学習し、訓練の成果も高い。

④ 訓練が自分の期待と願望を満たしてくれない（訓練の充実度が低い）と感じた人は、訓練に消極的で、訓練を最後までやり遂げようという意欲も低く、かつ職務態度（満足、コミットメント、離職意思）も悪化していく。

研究者たちはこのモデルの検証を試みた。サンプルは米国海軍新兵訓練への参加者666名（男性368名、女性298名、平均年齢19・84歳）。研究結果によれば、たとえば、訓練によって、性差に関係なく、組織コミットメント、身体の鍛練に関する身体的自己効力、理論学習に関する勉学の自己効力が明らかに強くなった。訓練の充実度あるいはまた訓練前の意欲が高い人ほど、訓練後の組織コミットメント、身体的自己効力、勉学の自己効力、訓練への意欲が強かった。また、訓練前の身体的自己効力の高い人ほど、訓練後の身体的自己効力、勉学への自己効力、訓練への意欲が強かった。さらに、訓練に満足した人ほど、訓練後の組織コミットメント、身体的自己効力、訓練への意欲が高まった。

要するに、訓練前に身体的自己効力と訓練への意欲が高い人に訓練の充実度を高めれば、訓練後の身体鍛練と理論学習の両方の自己効力を明らかに高めることができる。この発見を企業人に当てはめると、入社前に職務自己効力あるいは一般的自己効力が強く、働く意欲の強い人に、入社後の研修や教育訓練が自分の期待と願望を満たしてくれると感じさせることができれば、彼らの入社後の職務自己効力をより強く高めることができるだろう。

Self-Efficacy

まとめ

人材の教育訓練によって自己効力を高め、その結果として職務業績を高めるというプロセスがボウリング入門コースの研究のモデルに示唆されている。彼らは「訓練成績が高いものの方がその低いものよりも高いスコアをだすだろう」という仮定を置いている。彼らの研究結果によれば、確かに、スキル訓練プログラムの内容ややり方に対する態度や開始時の特定自己効力は訓練成績と直接的な関係はなかった。それよりも、訓練開始当初の成績（業績）と訓練途中の特定自己効力の向上によって強く決定されていた。しかもこの発見はコンピュータ操作の訓練や対人スキル訓練などの他の教育訓練にも妥当すると彼らはいう。

ところが、パイロット養成の研究では訓練自己効力の訓練成績への影響が認められなかった。訓練の成績は、訓練を受ける前の実際の飛行経験と、シミュレーターによる訓練の成績、一般的自己価値によって決定されていた。

訓練自己効力は訓練当初や終了後の自己効力よりも、訓練途中の自己効力が、訓練成績そして職務業績に対して重要な決定要因のようである。

また訓練後の自己効力は、パイロット養成の研究によれば、一般的自己効力と一般的自己価値によって強く規定されていた。しかし別の研究は、訓練前に身体的自己効力と訓練への意欲が高い人に訓練の充実度を高めれば、訓練後の自己効力（身体鍛練と理論学習の両方）を明らかに高めることができる。訓練後の自己効力を高めるには、訓練前と途中の自己効力の重要性のみならず、訓練に対する積極的な意欲も重要な影響要因のようである。

しかしながら、タンネンバウムらのモデル（図表6-3）のように、訓練自己効力の形成・強化のプロセスはさらに複雑さを増している。加えて、ステレオタイピングが訓練自己効力に明確な影響を与えていることも発見されている。このような発見を踏まえると、ここではごく限られたレビューではあるが、訓練自己効力のみならず特定自己効力、さらには一般的自己効力の形成・強化のプロセスに関して明確な統一的な主張はまだできないようである。

第7章

自己効力と職務業績

仕事モティベーション－職務行動－職務業績のサイクリックな関係を明らかにした職務行動の期待理論は、組織メンバーの優れた職務行動は、正しい役割知覚、高い職務遂行能力、高い仕事モティベーションの３つの要因によって決定されるという。しかもその職務行動が職務業績を生むプロセスは、行動する人の個人的な特徴や仕事の特徴、組織的要因などによって重大な影響が与えられているのである。つまり組織メンバーが職務業績を上げるというのは、たとえそれが高くても低くても、実は非常に複雑なプロセスを経ているのである。

最近、自己に関わる諸概念が仕事に対する態度やモティベーションに影響を与え、結果として職務業績に強い影響を与えているという研究成果がすでに数多く発表されている。とりわけ自己効力と自己価値が職務業績に強い影響を及ぼすことが明らかにされている。

しかも、自己効力と職務業績の関係というものは、これまでの複雑な職務業績のメカニズムよりもはるかに簡潔なモデルのようである。

Self-Efficacy

1 自己効力の効果

1 自己効力の高い人は高い職務業績をあげることができる

最近、自己効力が職務行動の成功に強い影響を与えることを確認した興味深い研究が発表された。[1] それはレントらが提起した「自己効力が職務行動の成功に強い影響を与える」というモデルに注目し、その検証を試みたものである。[2] レントらのモデルというのは正確には、レヴィンのグループ・ダイナミクス・モデルや期待理論モデルなどとは異なり、[3]「組織メンバーは適切なスキルと能力をもち、かつ強い自己効力をもっているほど、仕事で成功する可能性が高い」というものである。しかし、このモデル開発の基礎には、職務行動の期待理論モデルがあるように思われる。

上記の興味深い研究というのは米国南東部の2つの家具メーカーの製造従業員に応募した求職者計2146名を調べた研究である。この研究の最大の発見は、入社後の職務業績が入社前の生産自己効力によって強く決定されていたことであった。

自己効力と職務行動の成功の間には線型的な直接的な関係があるという主張に対して、両者はもう少し複雑な関係だと主張する研究者もいる。しかしこの研究では、モティベーションとの関係が取り扱われていなかったし、また自己効力とモティベーションとの関係が直接に明らかにされていない。[4] それでは一体自己効力はモティベーションとどのような関係があるのだろうか、また自己効力と自己価値のどちらがモティベーションと強い関係にあるのだろうか。

カンファー＆ヘジェステェッド・モデルの検証を試みた研究がある。[5] そもそもこのモデルは基本的に次の2つの主張からなっている。

① 一般的自己効力は、モティベーションの状態（対象と強さ）を媒介変数として、タスク業績に影響を与えている。ちなみに、モティベーションの状態というのは、何に対してどのくらいの強さのモティベーションをもっているかということだ。ここでは特定自己効力（試験に関する自己効力、職務自己効力）、目標の自己設定（目標達成意欲）、行動意志、努力への意欲、メタ認知が取り扱われている。

② 一般的自己価値は、情緒状態を媒介変数として、タスク業績に影響を与えている。ちなみに、情緒状態というのはここでは不安状態、ネガティブな気持、ある特定の低い自己価値（仕事に関する自己価値）の程度を指す。

さて、この研究は米国大西洋岸中部にある大規模大学の3、4年生267名（男性23％、女性77%、平均年齢23歳―サンプル1）と同地域にある大規模な健康管理に関する法人の顧客サービスとクレーム処理の2部門から148名（平均年齢42歳、平均勤続年数5年、平均学歴高卒―サンプル2）を調べた。研究結果によれば、

① 一般的自己効力と一般的自己価値はモティベーション（状態と特性）と情緒（状態と特性）と非常に異なる関係をもっていた。つまり、両サンプルで、一般的自己効力が一般的自己価値よりもモティベーション特性を強く決定していた。他方、一般的自己価値は情緒的特性を強く決定していた。ちなみに、モティベーション特性は誠実さ、経験へのオープン性、達成欲求、学習目標志向で測定した。サンプルごとにみると、サンプル1では、一般的自己価値が一般的自己効力よりも情緒状態を強く決定していた。サンプル2の場合でのみ、一般的自己効力が一般的自己価値よりもモティベーション状態と情緒状態（仕事に関する自己価値）を強く決定していた。

要するに、サンプル2の方が、サンプル1よりも明らかに強い影響力を示していたのは「一般的自己効力→モティベーション状態と情緒状態」の関係だけであった。

② タスク業績はモティベーション状態（正の関係）によって直接決定され、モティベーション状態は一般的自己効力（正の関係）と情緒状態（負の関係）によって決定されていた。一般的自己効力と一般的自己価値は相互作用関係（正の関係）にあり、情緒状態は一般的自己価値（負の関係）によって決定されていた。この関係はサンプル1を対象にしたものだ。つ

まり、一般的自己効力が高くなると、モティベーション状態が強くなり、その結果タスク業績が向上する。他方、一般的自己価値は情緒状態を改善し、この情緒状態の改善がモティベーション状態を高め、結果としてタスク業績を高める。

サンプル1の分析結果は図表7-1のとおりである。

要するに、この研究は一般的自己効力と一般的自己価値がモティベーション状態に影響を与え、さらにそのモティベーション状態をとおして間接的にタスク業績に影響を及ぼしていることを明らかにした。しかし彼らの研究にはデータ収集に関して疑問が残るが、いずれにせよ、自己効力と職務業績の関係は単純な線形関係ではないようである。自己効力と職務業績の関係について、現在「自己効力が直接、職務行動の成功に影響を与える」という家具メーカーへの求職者の研究における発見、「自己効力はモティベーションを介してのみ職務業績に影響を与えることができる」という上記の大学生と健康管理法人の従業員の研究における発見、さらには「自己効力は他の変数との相互関係を通じてのみ職務業績に影響を与えることができる」という下記の大西洋岸中部の大学の学生の研究における発見がある。どれが正しいのかは、まだ明確にはいえないようである。

最後に、売上高目標の設定に対する、販売自己効力と同僚への信頼度の影響力に関する実験的な研究を考察してみよう[6]。サンプルは米国大西洋岸中部の大学の学部生120名で、実験上

図表7－1　一般的自己効力、一般的自己価値、モティベーション状態、情緒状態、タスク業績の諸関係の構造モデル

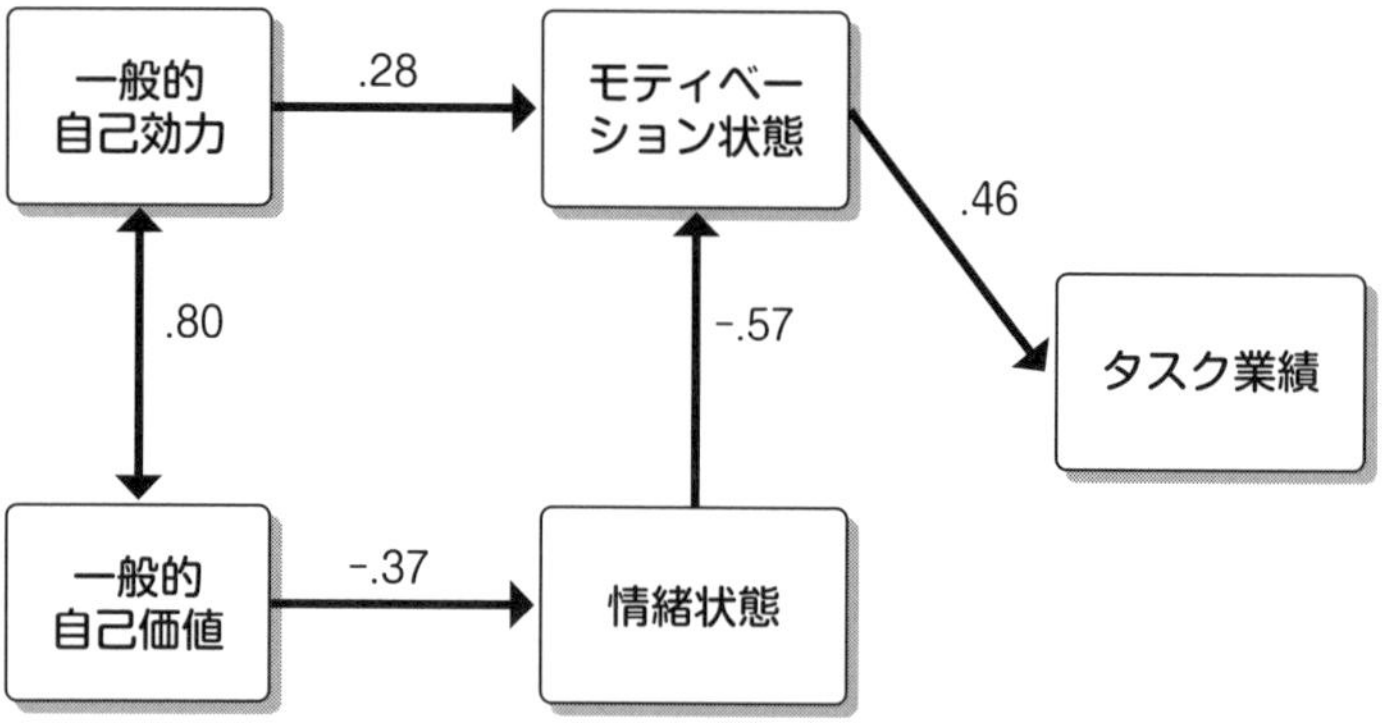

出所：Chen et al. 2004: 384. 図表1から筆者抜粋.
（サンプル1；M＝259,.80（相関関数）を除く数字はすべてパス係数（p＜.05））

彼らを販売事業部のユニット・マネジャーとした。研究結果によれば、自分のユニットの売上高として満足できる最低限の売上目標額（4年後の売上高シミュレーションの後に、自ら設定）は次の要因によって決定されていた。第1位は8年後の売上高シミュレーション結果の売上高予想、第2位に販売自己効力（売上高目標の達成の自信で評価）、第3位は同僚への信頼度（同事業部の同僚がくれる仕事情報が役に立つ、相手が正直、自分を助けてくれる、などで評価）の順に影響を与えていた。しかも、販売自己効力と同僚への信頼度の相互作用が売上高目標の設定に関して有意な影響を与えていた。つまり同僚を強く信頼している人の場合は、販売自己効力が高くなるほど、売上高目

標の設定値も高くなった。しかし同僚への信頼度が低い人の場合は、販売自己効力が高くなるほど、目標値が低下した。これは非常に興味深い発見である。本研究結果は、組織メンバーが他者からの情報の活用を通じて仕事目標をどのように設定するかのメカニズムに新たな洞察を与えることで、社会的認知理論と目標設定理論の統合化を図った点にある。つまり、自己効力の高い人はその低い人よりも、高い職務業績を設定する傾向がある。また人は、仕事情報をくれる他者（上司や同僚）を信頼している程度が自己効力の強さと相互作用し合って、目標設定が影響されるのだ。しかもこの発見は、「自己効力‐目標設定‐業績」の関係についての過去の研究とも一致していると研究者は指摘している。

一体自己効力と職務業績の間の関係は何が正しいのだろうか。両変数の間には多くの要因が介在しているので、まだよくわからないようである。しかし職務業績に対して自己効力が重要な働きをしていることは明らかである。

2　職場風土を改革し仕事自己効力を高めると職務業績は高まる

前項の結論に沿う研究がある。それは小売業の従業員を対象にして、「職務自己効力―職務業績」の関係を解明しようとした研究である。これは「役割ストレッサー↓職務自己効力↓職務満足↓職務業績の関係」に対して職場風土がどのような影響を与えているかを明らかにしようとする。[7] というのも、すでに役割ストレス（主に役割のコンフリクト、曖昧さ、過重・過少から知覚されるストレス）が、スキルや意欲、個人的要因、組織的要因よりも境界結合者（組織の要求と顧客のニーズの間のバランスをとる人、たとえば販売・営業員）の業績に強い影響を与えていることは明らかになっているが、小売業の販売・営業員の業績向上のメカニズム全体に対してどのような影響を与えているのかが明らかにされていないと研究者たちは指摘する。そこで彼らはとりわけ「役割ストレッサー→職務自己効力・満足」の関係と、「職務自己効力・満足→職務業績」の関係に対する職場風土の影響力に焦点を当てる。つまり、従業員は職場が競争的だ（自己の職務業績が同僚たちのそれと比較されて報酬が決められている）と知覚すると、この競争的な職場風土が役割ストレスの源泉になるのである。一般に職務自己効力が強い人ほど、職務満足も職務業績も高くなるが、職務自己効力は役割ストレッサーと職務満足の間の負の関係を緩和する働きももっていることがすでに明らかになっている。職務満足が職務業績に直接影響すると考えるのは幻想にすぎないともいわれるが、彼らは両変数の間には正の関係があると考える。

さて彼らは米国の大規模小売業の販売店の販売員374名（男性83％、女性17％、年齢の中央値38歳、勤続年数の中央値6年）を調べた。研究結果は図表7-2のとおりである。

この研究結果は興味深いさまざまな発見をしている。たとえば、職場の競争的風土の知覚が職務自己効力に対する役割の曖昧さの関係を調節していた。つまり、その競争的風土を強く知

図表7－2　職場風土－役割ストレッサー－職務自己効力－職務満足－職務業績の関係モデル

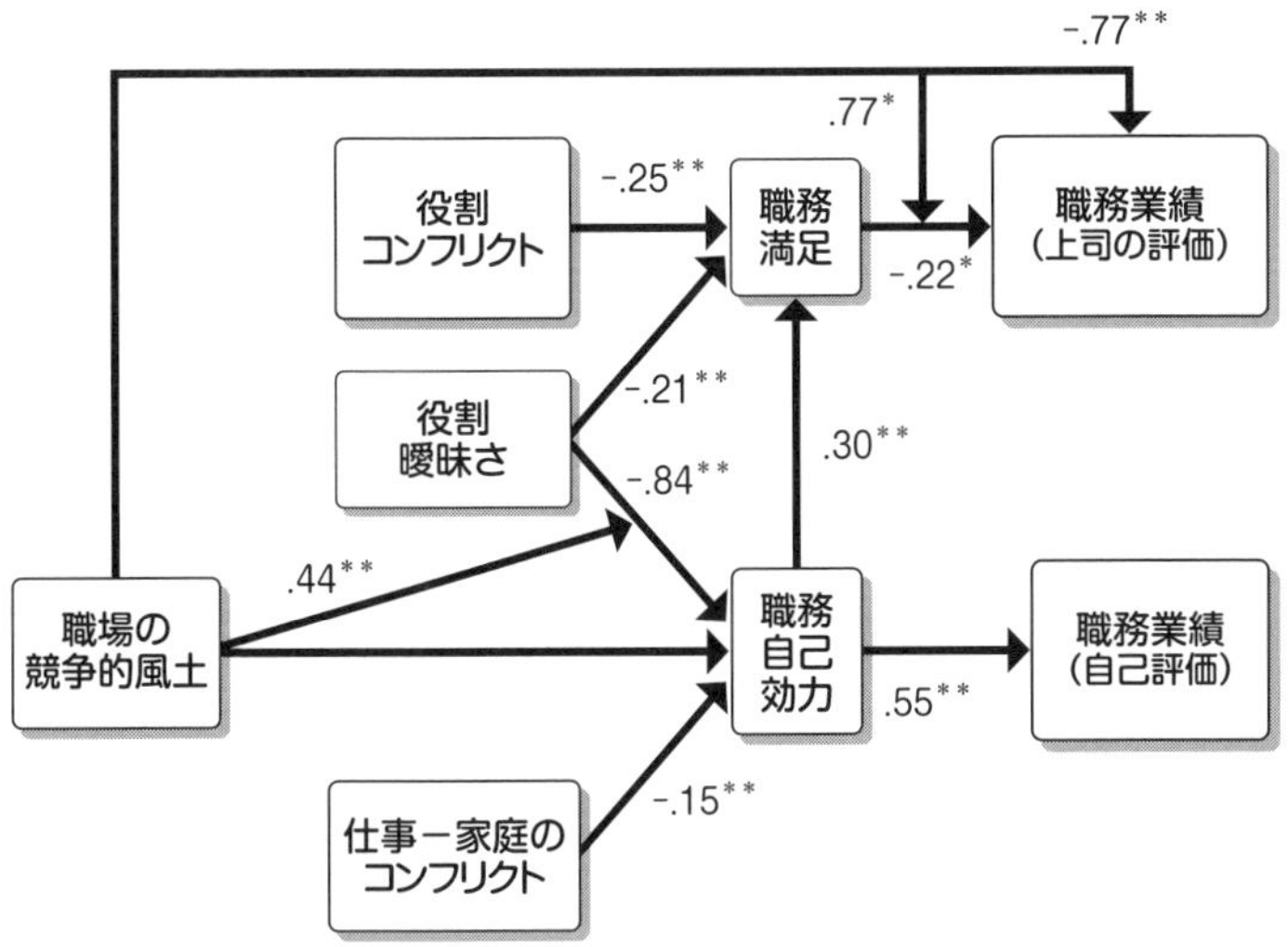

（数字はβ係数）
出所：Arnold et al. 2009: 195.

覚する人ほど、役割の曖昧さを強く知覚し、職務自己効力が低くなった。さらに、職場の競争的風土の知覚は、職務満足と職務業績の関係をモデレートしていた。つまり、その競争的風土を強く知覚する人ほど、職務満足が向上すると、職務業績が大きく低下した。他方、競争的風土を低く知覚する人ほど、職務満足が高まると、職務業績が少し低下するのであった。

要するに、職務自己効力が高い人ほど、自己の業績評価が高かった。さらに職務自己効力が高い人ほど、職務満足も高くなる。しかも競争的風土の知覚が高い人ほど、職務満足が高くなると、上司の業績評価が低下した。この関係モデルにおいて職場風土の性質が確かに重要な影響力を発揮しているが、職務自己業績に対して職務自己効力が最も決定的な影響要因であった。

Self-Efficacy

2 自己効力を高める方法

1 成功体験を積み重ねると仕事自己効力は高まる

すでに本章1節からも明らかなように、訓練を通じて自己効力を高めると、訓練の成績のみならず職務業績の向上が期待できるのである。それでは訓練の成績や職務業績の向上が自己効力を高めるのだろうか。

パイロット養成所の研究では、訓練の成績に重要な影響を与えるものは、第1が訓練を受ける前の飛行経験で、第2がシミュレーター訓練の成績と一般的自己価値であった。訓練自己効力は訓練の成績に有意な影響を与えていなかった。しかも両者の間には相互作用関係がみられなかった。つまりこの研究では、訓練の成績と訓練自己効力との間には有意な関係はなく、訓練自己効力は一般的自己効力と一般的自己価値によって強く規定されていた。他方、ボウリング入門コースの研究の結果によれば、訓練開始当初の職務業績が訓練途中の訓練自己効力の強さに強い影響を与えていた。しかしそれよりも訓練開始時の自己効力が圧倒的に強い影響力を与えていた。

今回考察した研究が少ないために、明確な主張はできないが、訓練自己効力は一般的自己効力と一般的自己価値によって、さらに訓練開始当初の職務業績によって影響されていた。一般的自己効力と一般的自己価値は経験によって影響付けられ、また当初の職務業績の達成自体も経験である。つまり、訓練自己効力も包括する特定自己効力はその特定分野での経験によって影響付けられると考えられる。

Self-Efficacy

まとめ

5つの人間行動モデルについてすでに指摘した、組織心理学の見地から主要なモデルを3つ明示した。たとえば、組織メンバーの職務行動に関して、期待理論の見地からすでに「モティベーション→職務行動→職務業績→職務満足」のサイクリックな関係が開発されている。[8] このモデルからも明らかだが、職務業績の達成プロセスはきわめて複雑である。本章の図表7-1

も複雑なものである。しかしながら、一般的自己効力はモティベーション状態を媒介変数として間接的にタスク業績に影響を及ぼしていた。さらに職務自己効力が高い人ほど、自己の業績評価が高かった。しかも競争的風土の知覚が高い人ほど、職務満足が高くなると、上司の業績評価が向上していた。つまり職場風土知覚が「職務自己効力→職務業績」の関係に対して重要な影響力を発揮していたが、職務業績に対して職務自己効力が最も決定的な影響要因であった。

　本章でとくに筆者が主張したいことは、自己効力が職務業績に与える影響は非常に複雑なものだが、両変数の間には明確な因果関係が存在しているであろうということである。最後に、自己効力を高めるためには何が必要かというと、さまざまな経験を豊かにし、そして成功体験を積み重ねることなのである。

第8章

自己効力とリーダーシップ

現在リーダーシップ理論はトップ・マネジメントのリーダーシップ行動を説明しようとする理論と、ミドル主にロワー・マネジメントを対象にする理論の２つに分かれる[1]。前者の理論には、特性理論やカリスマ理論があるが、現在は主にバス（Bass, B.M.）に代表される変革型リーダーシップ理論である。この理論は基本的に、リーダーというものは自己と自己の使命に強い自信をもち、組織の革新を生むビジョンを創出し、それを組織全体に深く浸透させなければならないと主張する。他方、後者の理論には行動理論を初めとして交換理論、帰属理論、参加理論、状況理論、状況適合理論、目標—経路理論、ライフ・サイクル・アプローチ、オペラント・コンディショニング・アプローチ、さらにリーダーレス・リーダーシップ理論などさまざまな理論が開発されている。後者の理論は基本的に、リーダーはある一定の集団目標の達成のために部下あるいは部下集団をある一定の方向に方向付けなければならないと主張する。どちらの理論もリーダーが人々を目標の達成に向けて方向付けることでは一致している。

しかし最近、とりわけ後者の理論が新たな概念、つまり自己に関わる諸概念を取り込んで、説明力を強めたり、新たな方向へと発展している。

Self-Efficacy

1 自己効力の効果

従来のリーダーシップ理論ではリーダーや部下のパーソナリティ構造（個人の価値観、欲求、関心、能力、性格から成る）を初めとして、職務満足や職務関与、組織コミットメント、ストレス知覚などさまざまな職務態度、仕事モティベーション、管理方式、組織構造、組織文化・風土などと、リーダーシップ・スタイルや行動の特徴の間の関係の解明に焦点が置かれてきた。しかし最近、これまでのようなパーソナリティ特性ではなく、自己に関わる諸概念の重要性に光を当てたリーダーシップ研究が盛んになってきた。

1 部下の自己効力を高めると、集団や組織の業績が向上する

一般に、部下たちが上司（リーダー）のリーダーシップをどのように知覚するかによって、集団の行動と業績が変わってくるといわれる。ただしその知覚で重要な要因は最近では、従来からよく取り上げられてきた仕事の性質や環境条件、リーダーや部下の個人的な要因（満足、

ストレス、モティベーションなど）や人口統計学的要因ではなく、コミットメント（職務、リーダー、集団あるいは組織に対する）と、部下たちの自己効力であるといわれる。しかも近年のリーダーシップ研究では、集団や企業の業績だけでなく、現在のグローバルに事業展開している企業では、企業の社会的責任（ＣＳＲ）の達成が重要な目標として位置付けられている。

しかしマレーシアの銀行のロワーからトップまでの管理者１２５名を調べた研究がある。[2] それによれば、リーダーの関係志向的スタイルやタスク志向的スタイル自体はもはやＣＳＲにはそれほど意味がない。それよりも、従業員たちの自己効力が重要であった。つまりその自己効力が、関係志向的スタイルがＣＳＲに与える影響力を調節していることを発見している。従業員たちに社会的責任を達成させようとすれば、管理者たちは関係志向的スタイルのリーダーシップを行使しなければならないが、それが直接にＣＳＲを達成させるのではなく、あくまでも従業員たちがその社会的責任達成に関する自己効力をどの程度もっているかによるというのである。

変革型リーダーシップとリーダーの仕事自己効力の関係が性別によって異なるかどうかを調べた研究がある。[3] サンプルはドイツの健康保険会社と病院などの管理者58名とその部下１１２名であった。この研究によれば、男性リーダーの場合、変革型リーダーシップ（自己評価による）とリーダーの仕事自己効力の関係には強い正の関係が発見された。他方、自分が変革型リーダーシップを強く採用していないと思っている女性管理者ほど、仕事自己効力が強かった。

一体この原因は何だろうか。研究者たちによれば、女性管理者は自分の自己効力を判断するさいに、変革型リーダーであることに重きを置かないし、リーダーシップというのはそもそも男性の役割であり、自分のリーダーシップ行使の成功は自分の能力によるものではなく、たまたまだと考える傾向が強かった。ドイツの女性管理者の場合、LSE（リーダーシップ自己効力―後述）と仕事自己効力が心理的に異なる次元（特性）にあるのかもしれない。

自分のリーダーシップ・スタイルの知覚と自己効力の知覚について、男女間で違いがあるのかもしれないが、現在リーダーシップ研究で重要なことは、集団もしくは組織の業績にとって自己効力がどのような働きをしているのかに焦点がある。「過去のリーダーシップ研究の多くが、部下たちの低業績の原因は何によるのかという原因究明に焦点を置き、しかもその原因究明のさいリーダーのバイアス（リーダーが一方的に偏った判断をしている）に注目して、そのようなバイアスの下で、部下たちをどう管理すれば、集団や組織の業績を上げることができるのかを解明しようとしている」という指摘がある。[4] そうではなく、リーダー自体の、高い集団や組織の業績を生む帰属性（要因間の帰属関係）の推測とその働き（機能）の本格的な解明が不可欠だとする研究が現れた。[5] この研究はその帰属性を明らかにし、それに基づいて、部下の自己効力とモティベーションを高める機能的プロセスを明らかにしようとする。そうして、部下たちによるリーダーシップ知覚とリーダーシップの有効性という2つの基準を用いて、リーダーシップの統合的な帰属モデルを概念的に開発した（図表2-1）。この研究がモデル開発のさいに依拠したのは認知的複雑性理論と帰属的複雑性理論の2つだ。したがって、このモデルの基本は次の2つである。

① リーダーの帰属性を正確に認識すること（認知的複雑性理論）。

リーダーシップの帰属理論で重視されているリーダーシップの有効性を妨げているバイアスとしては、管理者のバイアス、私利追求によるバイアス、性に関するバイアス、業績を低下させる問題解決上での偏った反応、過度の従業員志向などのバイアスである。こういったバイアスがリーダーの情報処理プロセスを誤らせるのである。ラクシュマンは多くのバイアスの中でも性と人種に関するバイアス、私利追求によるバイアスを重視する。そして、この帰属性の中でも、内的帰属性というのは、たとえば集団業績が低い原因を、リーダー自身の心の中に、捜そうとする傾向のことである。

② リーダーシップの中心概念であるリーダーの情報処理プロセス（リーダーの正確な帰属性の推測に基づくリーダーの行動と、その成果の評価プロセス）に焦点を当てること（帰属的複雑性理論）。

リーダーの行動は彼らの帰属性推測の結果生まれるが、そのさいに部下の自己効力や満足、モティベーションなどが調節変数として働く。また従属変数としては部下によるリーダーシップ知覚や部下の業績が重視される。

さてこの研究は過去の主要なリーダーシップ研究の成果（計15研究）を詳細に検討して、たとえば、以下の命題を抽出した。

① 一般にリーダーというのはそれほど複雑でない状況では、影響力割引のスキーマではなく、影響力過大視のスキーマに立って原因分析をすれば、低業績の事態の改善上、バイアスがあまりかかっていない、より正確な帰属性を発見できるだろう。影響力過大視のスキーマというのは、情報処理プロセスでそれほど複雑でない状況では、観察結果と一致する原因はわずかしかない。その結果、人はその原因に強く注目し、過大視してしまうという傾向のことである。影響力割引のスキーマとは、情報処理プロセスで複雑な状況では、観察結果と一致する原因が他にも多く推測される状況では、より正確な帰属性を見極めるさいにそれらの原因が観察結果に与えている重要性を割り引いて考えようとする。それによって、少数の原因に焦点を当てようとする傾向のことである。

複雑な状況では影響力割引のスキーマを用いるべきである。しかしながらリーダーはしばしば影響力過大視のスキーマに立って原因分析をする傾向があるので、低業績の事態の改善上、バイアスが強くかかり、より正確な帰属性を発見できないだろう。

② 部下や集団の行動や業績に関する帰属性の推測でとくに性、人種、私利追求に関するバイアスを強くもっていないリーダーは、低業績の部下や集団の不十分な仕事行動と業績をより有効に改善することができるだろう。その結果、そういったリーダーは部下たちからリーダ

図表8－1　リーダーシップの帰属モデル

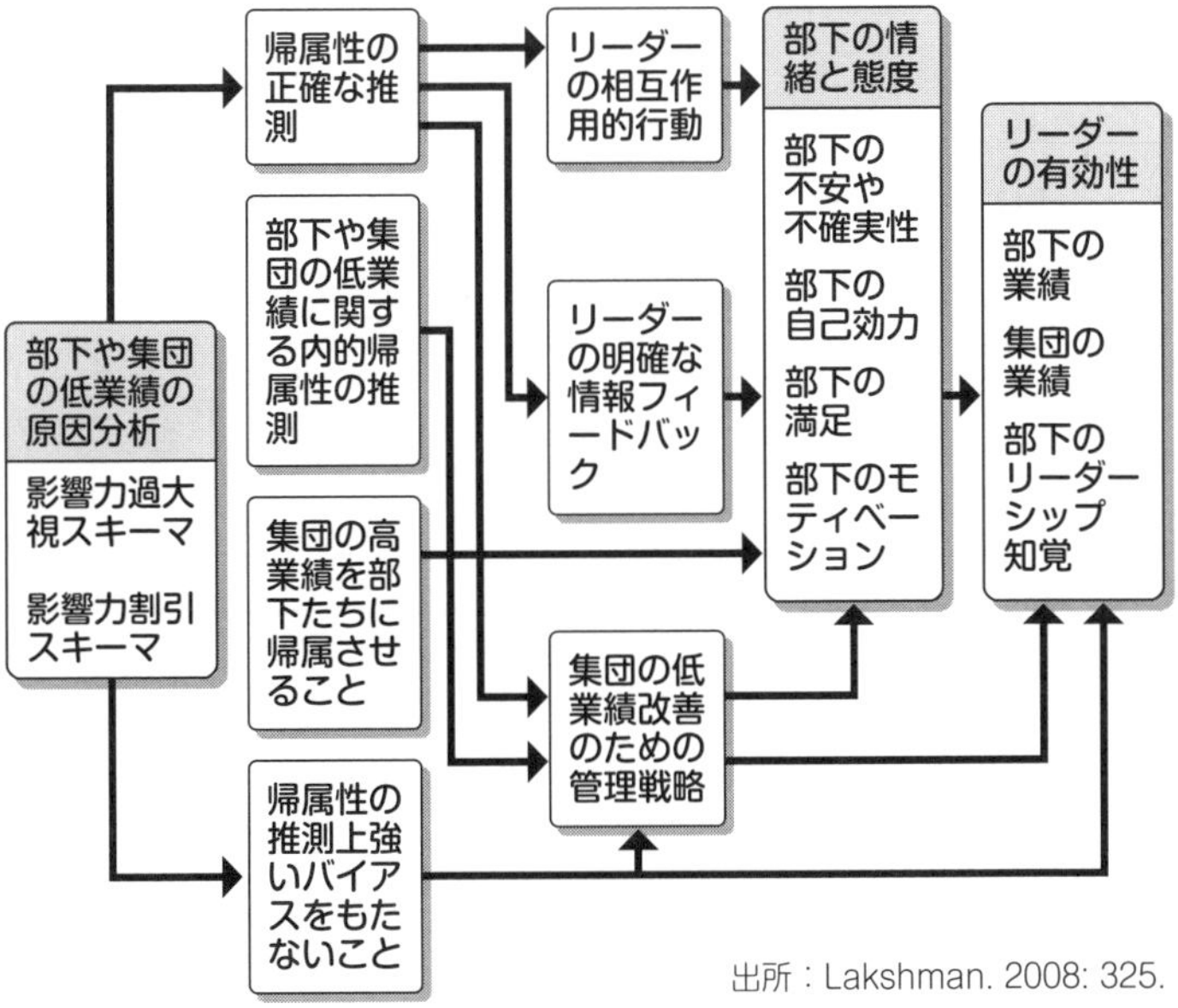

出所：Lakshman. 2008: 325.

ーシップ能力が高いと知覚されるだろう。

③　帰属性の正確な推測の結果生まれるリーダーと部下との間の相互作用は、ポジティブで、かつ部下の不安や不確実な態度や行動を除去するのに役立つだろう。その結果、部下たちの自己効力、満足、モティベーションが高まるだろう。

人のさまざまな経験を帰属性の見地から分析していくと、通常、その結果が自己効力の中心的な形成要因となる。バンデューラは自己効力の4つの形成要因（行動遂行（実際の行動経験による学習）、代理学習、言語的説得、情動喚起）を明確にし、「これらの経験（4つの形成要因）の認知的評価が自分の自己効力知覚を最終的に決めるのだ」という。以上の命題を体系化すると、図表8-1のとおりである。要するに、上表の中で自己効力に関してモデル化すると次のようになる。

① 集団の業績の程度は、部下たちの自己効力、部下たちの満足、部下たちのモティベーション、部下・集団の低業績改善のための管理戦略、帰属性の推測上強いバイアスをもたないこと、という5つの要因によって決まる。

② 部下の自己効力の程度は、リーダーの相互作用的行動、リーダーの明確な情報フィードバック、集団の低業績改善のための管理戦略の3つの要因によって決まる。

つまり、この研究は基本的にリーダーの行動が部下の自己効力に影響を与え、その自己効力の変化が部下や集団の業績に変化を与えるというのである。それでは、リーダー自身の自己効力はどんな働きをするのだろうか。

2 リーダーのリーダーシップ自己効力を高めると、集団や組織の業績が高まる

社会的認知理論と帰属理論（成功・失敗の原因を推論する理論）を統合したリーダーシップ・

図表8－2　集団リーダーシップの社会的認知モデル

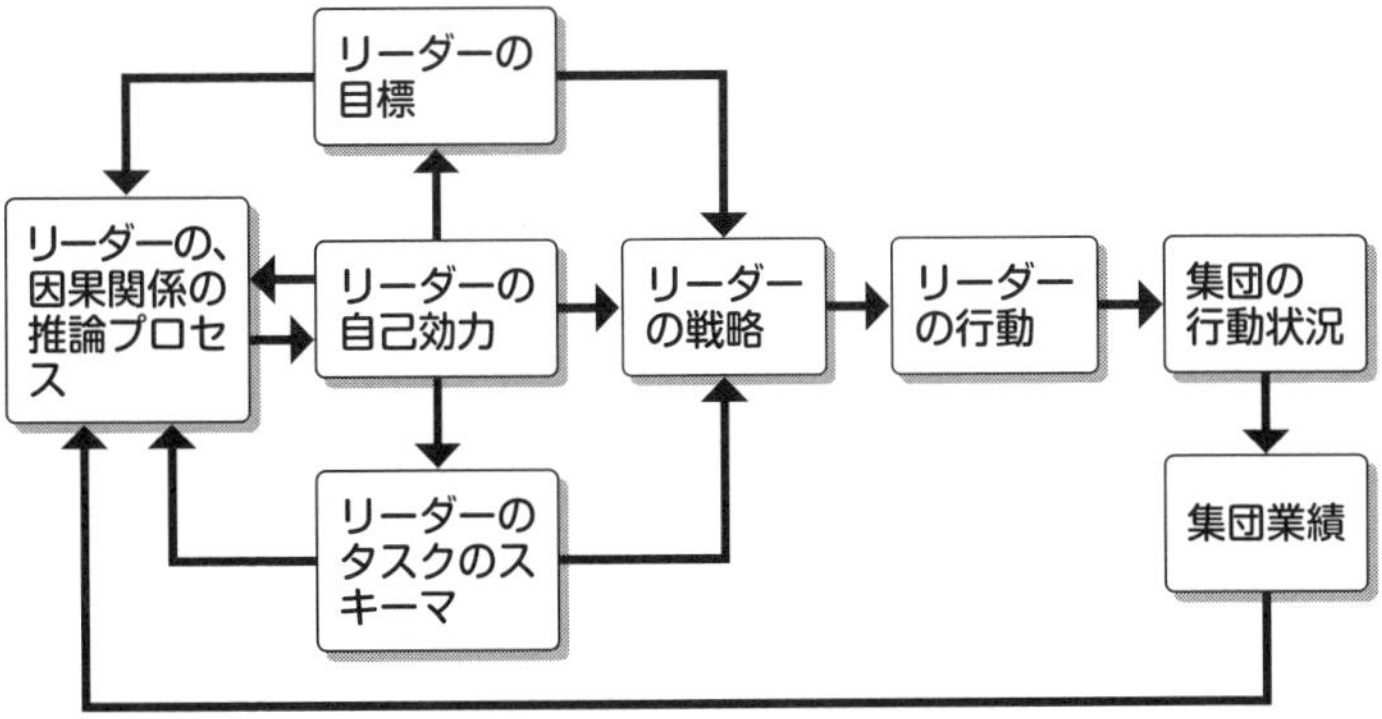

出所：Mccormick & Martinko. 2004: 3.

モデルが開発された（図表8-2）。つまりこのモデルは、リーダーの因果関係の推論プロセスがリーダーの知覚（目標、自己効力、リーダーシップ行動）に影響を与えるという。

そもそも社会的認知というのは、社会的認知的プロセスと構造から成り、人はそれを通じて出来事に個人的な意味を与えたり活動を計画したり、自分の感情やモティベーション、対人的行動をコントロールする。したがって社会的認知研究は主として、人がある社会的状況において自己と他人をどのように知覚しているのか、さらに人は自分自身や他人の行動結果の原因をどのように推測し、またそのプロセスに影響している知覚上のバイアスを検討してきた。

この社会的認知理論が社会心理学の研究に大きな貢献をし始めたのは1980年ごろからだといわれる。[6] 社会的認知理論はさまざまな人間の現象を説明するために優れた概念的フレームワークをすでに生み出している。たとえば学業成績、スポーツの成績、職務業績、達成行動、リーダーシップ行動、禁酒、目標設定・モティベーション・業績における性差、健康なライフスタイルの選択、政治への参加形態などの現象を明らかにするのに役立つ。つまり社会的認知理論によるフレームワークは人間のどんな現象でも3つのカテゴリー（個人の社会的認知、個人の行動、その社会的なコンテクスト）間の相互関係から構成されているダイナミックなプロセスの結果として描くのである。

そもそも社会的認知理論の中心的な考え方は、人は自分の感情やモティベーション、思考、活動を自己調整できるというものだ。この自己調整（self-regulation）というのは、人が自己の活動をコントロールしたり方向付けるプロセスのことである。自己調整をしながら、人は個人的な目標を達成するために環境条件に応じて考え行動する自分のパターンの開発に積極的に関与しようとする。したがって組織メンバーの有効な自己調整とは、組織メンバーが活動環境を積極的に監視し、有効な活動戦略を開発し、その達成のための計画を巧みに実行し、最後にその結果をチェックするといったサイクリックなプロセスである。

リーダーの自己調整モデルは社会的認知プロセスを包摂している。その社会的認知プロセスというのは基本的に次の構成要素を包含している。

① 因果関係を推論するプロセスを導く知覚メカニズム
② タスクをやり遂げるうえで重要な知識、スキル、能力から成るタスクのスキーマ（リーダ

ーシップ・コンテクストの知覚・判断に影響を与え、自分の行動を方向づけるスキーマのこと、つまり因果関係の推論の基礎となっているスキーマのこと）

③ リーダーの目標（リーダーが達成したいと思っている目標のこと－自分にとって価値のある、やりがいのある目標）

④ リーダーシップ戦略（リーダーによって開発されたアクション・プランのこと）

⑤ 自己効力

これら5つの要素のうち、自己調整に対して最も強い影響力をもっているのは、バンデューラによれば、自己効力である。自己効力は、その人の目標を達成するうえで必要なモティベーションと認知的資源、活動方向をすべて動員し機能させることができるという信念もしくは強い気持ちのことである。つまりこの自己効力が自己調整プロセスの中核概念であり、それは他の4つの認知的要素に直接インパクトを与えているのである。

さて、社会的認知理論に基づくリーダーシップ・モデルはリーダーシップ・プロセスの社会的かつ相互作用的な性質を説明するために、3つのリーダーシップ変数（リーダーの行動、リーダーシップ状況の性質、リーダーの社会的認知）を重視する。しかもこの社会的認知の見地からリーダーシップに適用したリーダーシップの社会認知的アプローチは、これまではリーダーそれ自体よりも部下に焦点を当てていたのであった。そこでリーダーに焦点を当てた研究が現れた[7]。

この研究は過去のさまざまな研究成果に基づいて、11の経験的命題を抽出し、社会的認知理論と帰属理論を統合したリーダーシップ・モデルを開発した。たとえば、以下の命題があげられる。

① 他のすべての要因が等しければ、楽観的な帰属スタイル（傾向）のリーダーは、悲観的な帰属スタイルのリーダーよりも、高いリーダーシップ自己効力をもち、より挑戦的な目標を設定し、より完全なリーダー・タスク・スキーマ（リーダーシップ・スキーマ）をもっているだろう。

ちなみにリーダーシップ自己効力（LSE－Leadership Self-Efficacy）というのは、集団業績向上に寄与する諸要因を識別し監視し影響づける（コントロールできる）能力を自分はもっているという自信のことである。

② 以前の成功や現在の成功について因果関係を正しく推論できるリーダーは自己効力が高く、タスク・スキーマも目標設定も適切であり、戦略形成や行動も適切だろう。

③ リーダーの社会的認知モデルのプロセス（自分のリーダーシップ環境でのものごとの発生に関して因果関係を推論するさいに抱いている信念を反映している）はリーダーシップ・スキーマに強い影響を与えるだろう。

④ 高いリーダーシップ自己効力は有効性の高いリーダー行動と正の関係にあるだろう。

⑤　因果関係の推論プロセスはリーダーシップ自己効力に強い影響を与えるだろう。しかもそのリーダーシップ自己効力はリーダーの目標、タスク遂行戦略、そして自分のタスク・スキーマの活用に強い影響を与える。
⑥　高い目標は、リーダーが高いリーダーシップ自己効力をもち、自分が豊かなタスク・スキーマをもっていることを知覚した結果である。
⑦　リーダーシップ自己効力、リーダーの目標、リーダーのタスク・スキーマはリーダーシップ戦略の開発と実行に強い影響を与える。

図表8-2でも明示されているが、LSEがリーダーシップにおいてどのような働きをしているのかについて詳細なレビューをした研究がある。[8] それによれば、たとえば、以下のことが明らかになった。

①　LSEはリーダー個人の業績に影響を与えている。
a. LSEの方向の決定と、部下たちのコミットメントの獲得という2つの次元が高いリーダーが仕事集団で変革を推し進めようとすると、それを部下たちは高く評価する傾向があった。
b. LSE、情緒的な知性（EI－Emotional Intelligence）、政治的スキルの3つはリーダーの業績評価と有意な正の相関があった。ちなみに、EIというのは1990年にサロベイ

&マイヤーが開発した概念で、リーダーのリーダーシップと対人関係能力に関する知識を完全に明らかにしようとするものである。[9] 情緒的に知的な人というのは情緒的情報を正しく知覚・理解でき、この情報を通じて抽象的な推論を行うことができる人のことである。

② LSEはリーダー個人の差異とリーダーの業績の間のクリティカルな要因である。

a. リーダーのパーソナリティ特性（Big Five特性）は、LSEを通じて直接、間接に部下たちをリードしていこうとするモティベーション（MTL）と密接な関係があった。そしてそのMTLはリーダーシップのポテンシャルの2つの行動測定尺度を有意に予言した。

b. リーダーの神経質、外向性、誠実さの3つのパーソナリティ特性はLSEの先行要因である。つまり、神経質な人ほど、LSEが弱く、外向的な人ほど、また誠実な人ほど、LSEが強い傾向があった。加えて、神経質なリーダーほど、困難なリーダーシップ状況に直面すると、自信を失う傾向があった。

③ リーダーのLSEは集団業績を高める。

リーダーのLSEは集団の業績達成能力に関するリーダーの知覚と密接な関係があった。そのリーダーの知覚は、仕事に関する部下たちの集団効力と密接に関係していた。しかも、部下たちの集団効力が強いほど、その集団業績は高い傾向があった。ちなみに、集団効力とは、バンデューラによれば、集団の能力についてメンバーたちの間で共有された信念のことである（本章1節3項で詳述）。

④　3つの組織的特徴（リーダーの職務上の高い自律性、資源を十分に使用できること、支持的な組織文化）がリーダーたちの間に高いLSEを生む、個人と組織の発展を促進する状況を創造する。

以上のレビューに基づいて、研究者はLSEの実践的な活用について次の2つの提案をする。

①　LSEの高い人をリーダーに選抜すべきである。

②　組織は高いLSEの文化と風土を創造すべきである。そのためにはまず最初にリーダーたちの職務再設計に取り組まなければならない。それを通じてまず職務上の自律性を高めるべきなのだ。

LSEをベースにして、管理者の組織変革モティベーションに焦点を置いたリーダーシップ・モデルを開発した実践的な研究がある。[10]研究者らは基本的な研究仮説「LSEの高い管理者ほど、より有効なリーダーシップを行使しているだろう」に基づき7つの実践的な研究仮説を設定した。彼らはLSEを測定するために3つの次元（活動方向の設定、部下たちのコミットメントの獲得、変革の障害の克服）を定義し、その測定尺度を開発する。ちなみに活動方向の設定というのは仕事集団にある方向を与えることであり、部下たちのコミットメントの獲得というのは変革目標への部下たちのコミットメントを獲得するために部下たちとの良好な関係を構築することであり、変革の障害の克服というのはそのために彼らと緊密に協働することである。

彼らの7つの研究仮説を体系化すると、図表8-3のとおりである。サンプルは全米で不動産等の管理をしている会社と、東部にある化学メーカー2社のミドル・マネジメント以上150名である。そしてその直属の部下たち415名である。

研究結果によれば、以下のことがわかった。

① LSEの2次元（方向の決定、コミットメントの獲得）はともに部下たちによる上司のリーダーシップの有効性評価と有意に正に相関していた。

② リーダーは障害の克服行動に関する自己効力を高めるには、組織コミットメントを強める必要がある。

③ リーダーの全体としてのLSEは自己価値、部下の能力、職務上の自律性の3つの要因によって有意に正に影響づけられていた。

④ 方向の設定は自己価値、職務上の自律性の2つの要因によって有意に正に影響づけられていた。

⑤ コミットメントの獲得は部下の能力と職務上の自律性の2つの要因によって有意に正に影響づけられていた。

⑥ 障害の克服は自己価値と職務上の自律性の2つの要因によって有意に正に影響づけられていた。

図表8－3　組織変革とLSEの関係のモデル

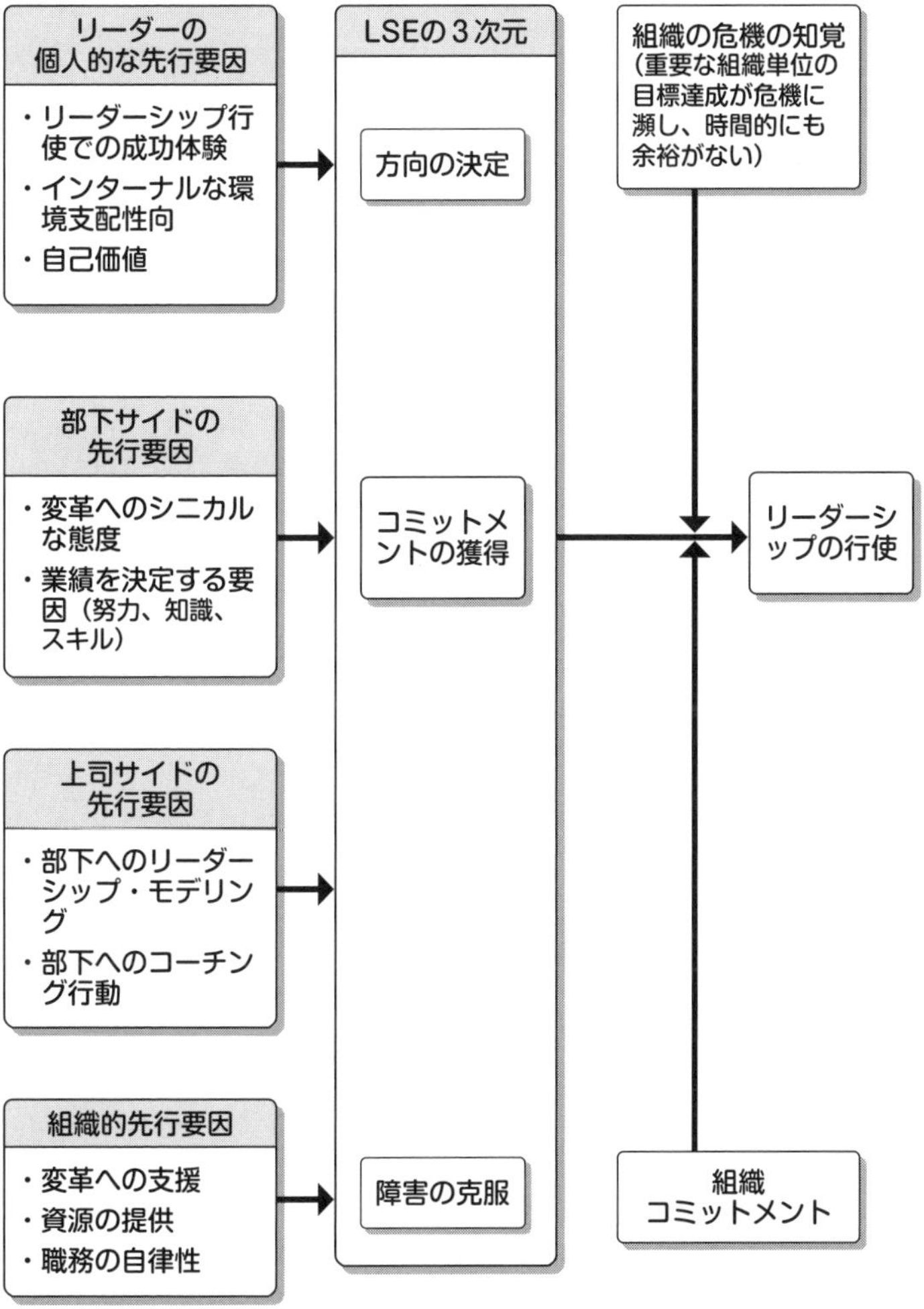

出所：Paglis & Green. 2002: 217.

⑦　しかしながら、次の要因は、全体としてのLSEやLSEの3次元すべてに対して有意な影響力をもっていなかった。

リーダーシップの成功経験、環境支配性向（ローカス・オブ・コントロール）、組織変革に対する部下たちのシニカルな態度、組織変革をリーダー自らが率先して行うといった部下へのモデリング、部下へのコーチング（部下たちが困難なプロジェクトを遂行する能力に信頼を表明すること）、部下たちの組織変革に対する取り組みへの支援、その取り組み上必要な資源の提供。

要するに、本研究結果はバンデューラの自己効力理論と一致して、LSEが高いリーダーは、自分のリーダーシップに自信がないリーダーに比べ、明らかにより有効なリーダーシップを行使していたのである。

3　集団効力を高めると集団業績が高まる

集団効力という概念は自己効力概念の1つの発展形態である。バンデューラは次のようにいう。[11]「人は社会的に孤立しては生きていけない。個人が直面する挑戦的あるいはまた困難な問題の多くは、何か有意な変化を生むために皆で協働し合わなければならない集団の問題でもある。集団や組織、国家の強ささえも、その一部分は人々の集団効力感（sense of collective efficacy）によるのである。人々はこの集団効力感の下に協力し合って問題を解決し自分達の生活を改善できるのである。集団効力の知覚は人々が集団として取り組むべきものごとの選択や、それにどのくらい努力すべきか、またその皆の努力が成果を上げることができなかった時くじけないようにするうえで、重要な働きをするだろう。つまり明らかに、集団効力というのはその根源を自己効力に置くものである」という。

要するに、集団効力とはメンバーたちが自己の能力ではなく、自分が所属している集団それ自体の能力について抱いている共通のあるいはまた共有している信念のことである。つまりそれは集団メンバー全員の努力が全体として集団業績にポジティブなインパクトを与えるだろうというメンバーたちの知覚のことである。

メンバー個人の自己効力と集団効力を区別しようとするさい、個人の行為というものは他人と協働している場合（たとえばスポーツ・チーム、医療チーム、プロジェクト・チーム、企業の戦略開発会議）、しばしばその他人の行為と明確に分けることができない。この集団効力とメンバー個人の自己効力は相関関係にあるが、明確に異なる概念である。集団効力がメンバー全員の有効性についてのメンバー各自の知覚であり、自分達の集団は集団としてまとまるとメンバー個人の能力の総和以上の力を発揮できるという信念である。それに対して個人の自己効力は自分自身の能力についての自己の知覚である。

すでに、関係志向スタイル（仕事業績中心ではなく部下たちの価値観や欲求、個人的な目的や事情、人間関係を重視するリーダーシップ・スタイル）の強いリーダーはそうでないリーダーよりも部下各員の能力を改善する可能性が高いという多くの研究結果がある。しかも基本的にはメンバー個人の自己効力が集団効力を形成する最大の源泉である。そうすると、関係志向スタイルの強いリーダーは集団効力を高める可能性が強いだろう。次に、メンバー個人の組織コミットメントの本質はメンバーが組織のミッションに同一化している（受容し内在化している）ことである。自己効力の高いメンバーは自分の能力に強い信念をもち、目標達成に向かって強く努力する傾向があるので、自己効力は組織コミットメントを強めるだろう。自己効力の高いメンバーたちからなる集団は高い集団効力をもっている可能性も高くなる。メンバーたちの集団効力が高くなると、メンバーたちの集団意思決定への影響力が高くなり、お互いに助け合って与えられた目標以上のレベルのものを達成しようとすることがすでに明らかになっている。

「関係志向型リーダーシップと集団効力の関係」についてモデルを作成し検証した研究がある[12]。研究結果、下記のような関係が発見された（図表8-4）。サンプルはインドネシアのある銀行の行員135名である。

研究者たちはそもそもメンバー各自の自己効力は顧客との協働へのコミットメントを高めるだろうと推測していたが、この研究結果によれば、関係志向型リーダーシップが従業員たちの集団効力に強い影響力をもっていた。また関係志向型リーダーシップは従業員たちの組織のミ

図表8－4　リーダーシップ－従業員の集団効力－組織の価値へのコミットメントの関係

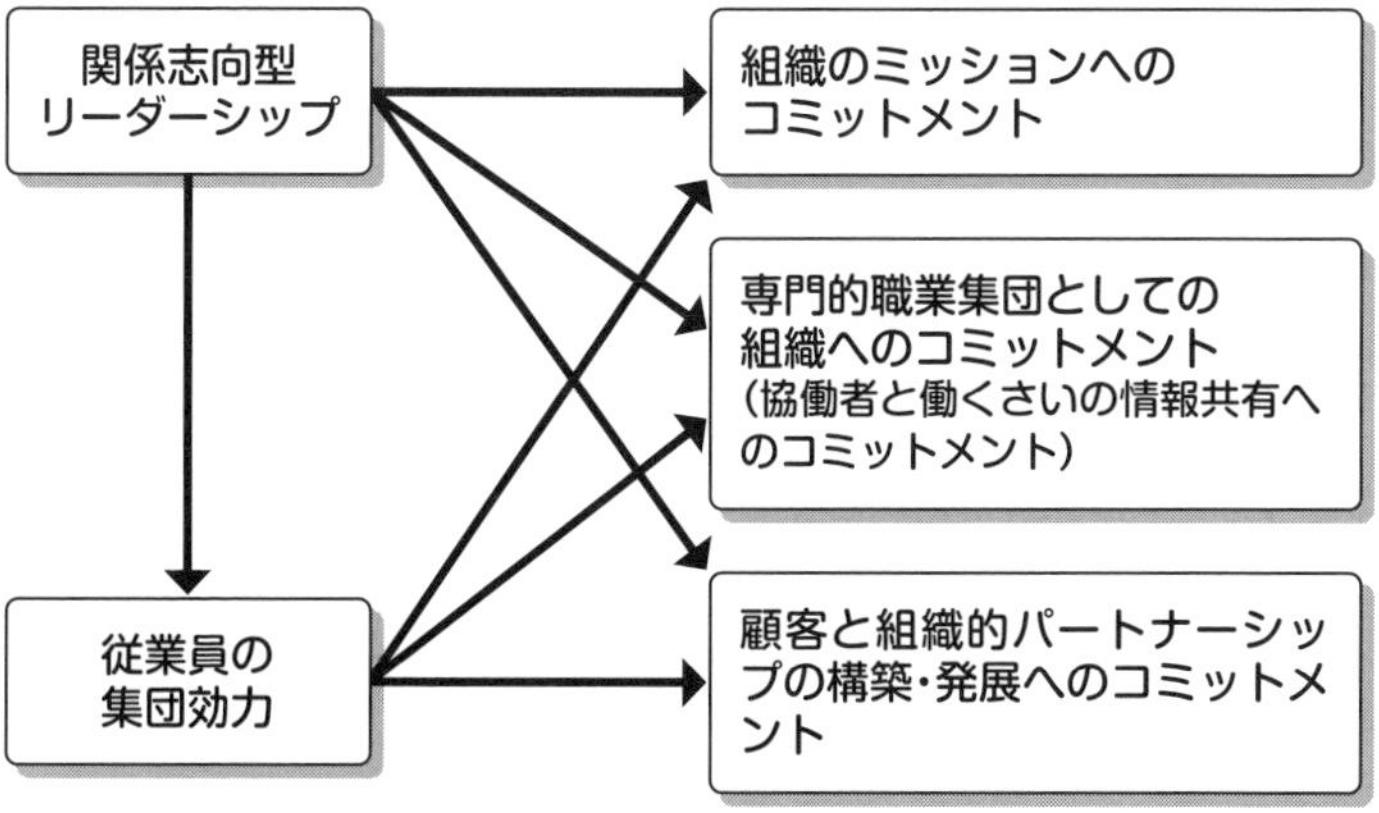

出所：Sahertion el.al 2012: 304. の研究仮説の体系を筆者がその研究結果に基づいて修正した.

ッションに対するコミットメントと、業績の向上に関わる他の2つのコミットメントに直接、間接に影響を与えていた。従業員たちの集団効力は関係志向型リーダーシップとコミットメントの関係の有意な媒介変数であったが、それ自体3つのコミットメントの有意な予言器であった。ちなみに相関マトリクスを検討すると、この集団効力は、顧客と組織的パートナーシップの構築・発展へのコミットメントと非常に強い相関関係があった。

このような「リーダーシップ・スタイル↓集団効力↓コミットメント」の関係よりも、集団効力の概念自体から推測すると、集団効力は集団業績を直接規定しているのかもしれないという研究がある。[13] 研究者たちはEI、LSE、リーダーのタスク自己効力（ある特定のタスクにおける自己効力）、タスク集団効力（ある特定のタスクにおける集団効力）が集団業績を規定するというリーダーシップ・モデルを作成した。というのも、過去の研究によれば、以下のことが明らかになっていたからである。

①　ＥＩの高い人は、情緒的な情報の獲得・認識能力に優れ、これを用いて抽象的な因果関係の推論を行う能力が高い。

②　ＬＳＥが高いリーダーは、リーダーシップを有効に行使でき、力強いチームワークを作り上げ、それに方向性を与え、部下たちから目標達成へのコミットメントを獲得し高めるために彼らとの間に良好な人間関係を構築できる。

③　有効なリーダーは、自己効力と同様の源泉（過去の業績達成度、代理経験、言語的説得、心理的・情緒的な状態）を通じて集団効力を行使することができる。すでに、リーダーの自己効力と集団効力の間には強い相関関係があることが明らかにされている。

④　ＥＩの高いリーダーは、部下たちの集団効力に強い影響を与えるだろう。

そこで彼らはこのモデルの検証を試みた。サンプルは大学生210名（83％程度が女性）であった。彼らを70のグループに分け、紙箱の組み立て作業に従事させ、リーダーとして70名が指名され、残りはその部下に配置した。集団業績は、組み立てられた紙箱の数で測った。研究結果は図表8-5のとおりであった。タスク集団効力が集団業績に非常に強い影響を与えている。

図表８－５　EI、LSE、リーダーのタスク自己効力、集団タスク効力、集団業績の関係に関する構造方程式モデル

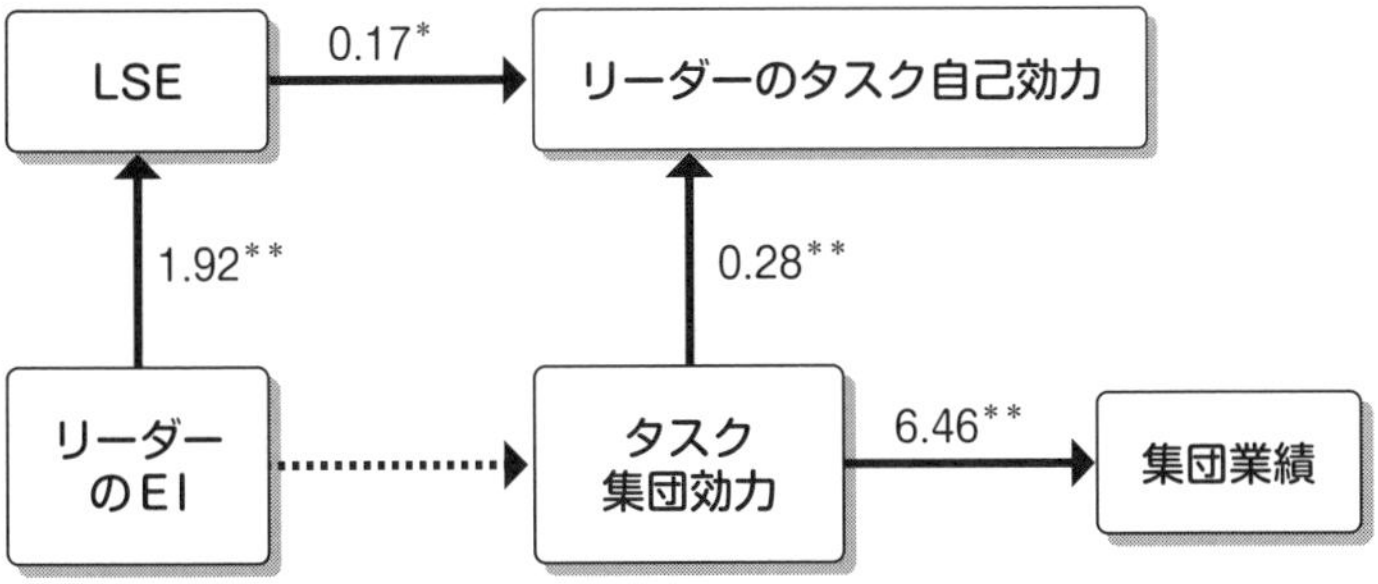

数字はパス係数、＊：p<.003、＊＊：p<.001
点線：仮定された関係だが、支持されなかった。

出所：Villanueva & Sanchez. 2007: 354.

しかしリーダーのＥＩは集団タスク効力に有意な影響を与えていなかった。この原因として研究者らは、タスクがあまりにも簡単すぎたことと、リーダーのＥＩが低すぎたことを上げていた。しかしながら、そもそも提起されたモデルの適合度検定の結果を検討すると、このモデルは十分支持できるものではないようである。したがって本研究モデルはモデルとしては価値はあるが、再度厳密に検証することが求められるだろう。

　このような研究モデルとは異なり、「集団効力→集団業績」の関係はもっと複雑なものだと考え、それを解明しようとする研究がある。[14] それはプロジェクト・マネジメントにおいては、タスク管理方式、集団効力、部下の自律性支援というリーダーシップ特徴がプロジェクト・チームの業績に影響を与えていると考え、そのメ

カニズムの解明を行った。彼らはプロジェクト・マネジャー・リーダーシップ活動の基本的な構成要素としてプロジェクト・タスク・マネジメント、プロジェクト・チーム開発、メンバーたちの自律的活動の支援の3つをあげる。そこで彼らは下記のようなモデルを開発した（図表8-6）。彼らのこのようなモデル開発はITプロジェクト・マネジメントに関する過去の研究、とりわけアクション志向的リーダーシップに基づくものである。アクション志向的リーダーシップというのは、そもそもアデアが開発したもので、リーダーの有効性は部下たちが所属欲求、尊敬欲求、自己実現欲求という3つの欲求を満たせるように支援する能力がどの程度あるかによって決まるのだというものである。[15] つまりこの3つの欲求の総合的管理がプロジェクト・マネジメント活動の社会的、技術的な基本的な局面を網羅することができるというのだ。ちなみに、プロジェクト・タスク・マネジメントとは、プロジェクト・マネジャーが、チームメンバーたちがそのプロジェクトの目標と目的を十分理解できるようにプロジェクト全体の計画を作成し伝達している程度で、さらにメンバーたちが自分のタスク（役割）をどのように達成しプロジェクト全体に合わせていくかも十分伝達し理解させているかのことである。プロジェクト・チームの集団効力は、チームのメンバーたちが自分の協働の能力（目標達成に必要な活動を組織化し遂行することができる能力）に強い信念をもっている、と同時にチーム全体でそれを共有していると信じていている程度で測定する。

彼らはこのモデルを、ごく最近ITプロジェクトに参加した経験のある327人（金融サー

図表8－6　プロジェクト・リーダーシップの概念モデルの検証

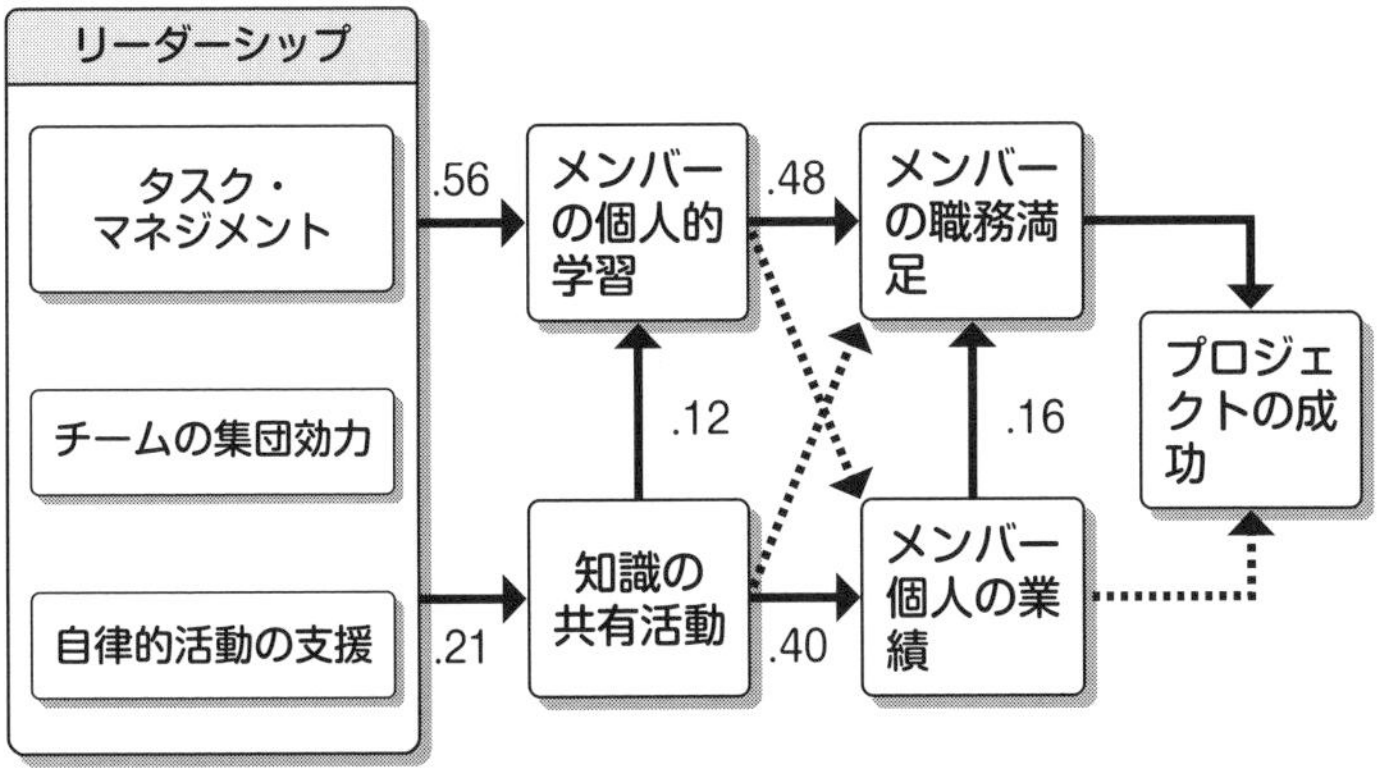

0.12のパス係数はp≤.05、それ以外のパス係数はすべてp≤.001。
点線の因果関係は支持されなかった。

出所：Braun et al. 2012: 189.

ビス、ソフトウェア、製造、小売、政府など15産業分野に所属、男性54％、女性46％）をサンプルとして検証した。分析結果は図表8-6のとおりである。リーダーシップの3構成要素間の相関関係はすべて0・61以上で強いものであった。この研究結果によれば、3要素からなるリーダーシップ活動は、メンバーの個人的学習と知識の共有活動をはぐくむプロジェクト・チーム環境を創造し、そしてメンバーの職務満足と個人業績を高め、最終的にプロジェクトを成功させることができたのである。要するに、チームの集団効力はプロジェクト成功の重要な源泉であった。しかしながら、今回の研究では仮定した3つの関係が有意に支持されなかった。その原因について、明確な原因は不明である。

要するに、集団効力が集団業績に対して直接影響を与えているのか、それとも間接的に影響を与えているのかについてはまだ議論が分かれているようである。間接的な影響プロセスでは、集団内部の知識共有度やコミットメントが重要な働きをしていると考えられる。しかし諸研究の発見からすると、集団効力が集団業績を直接規定している。集団効力の概念からすると、論理的には、集団効力は集団業績に対して間接的な影響を与えていると考えられる。いずれにせよ、この集団効力という新たな概念はリーダーシップ現象を解明するうえで強力な、かつ有意義な働きをすると考えられる。

Self-Efficacy

2 自己効力を高める方法

1 強い責任感をもち自分で判断し、かつ高い自己価値をもつ人は優れたリーダーになれる

上記の社会的認知理論と帰属理論を統合したリーダーシップ・モデル（第8章1節2項）によれば、LSEは以前の成功や現在の成功について因果関係を正しく推論できること、その因

果関係の推論における楽観的な帰属傾向とバイアスの少なさ、という3つの要因によって強く影響づけられていると主張する。確かに、高いLSEのリーダーには因果的推論の正確さと何事にも物怖じせずに積極的に取り組んでいこうとする性格傾向は不可欠だろう。しかも3つの組織的特徴（リーダーの職務上の高い自律性、資源を十分に使用できること、支持的で変化にオープンな組織文化）がリーダーたちの間に高いLSEを生むことも明らかにされた。しかし高いLSEのリーダーに求められるものはもう少し複雑なようである。

管理者の組織変革モティベーションに焦点を当てた研究（第8章1節2項）は、リーダーシップというのは従来から定義されているような「集団の目標と、それを達成するための戦略を確定し、それに向かって部下たちが自発的に努力するように方向付けること」ではないという。研究者たちはリーダーシップというものはもっとダイナミックなものだという。つまり、リーダーシップというものは「リーダーが部下たちの間に目標達成に夢中に取り組んでいる（強いコミットメント）ないしは取り組むことができる状態を作り出し、自ら集団における変革の行為者（agents of change）になり、集団目標の達成上の自集団の強みと弱み、そして機会を見極め、集団目標の達成に必要な変革を決定し、それに部下たちがより強くコミットするように動機付け、部下たちが遭遇する障害を乗り越えることができるように支援すること」だという。したがって、リーダーシップというのはこの3つのタスク（集団目標の設定、部下たちのコミットメントの獲得、変革の障害の克服）からなるもので、LSEというのは、リーダーがこの3つのタスクをどの程度成功裡に行使できるかについての、自らの判断もしくは信念のことである。したがって、ＬＳＥの強いリーダーは有効なリーダーであるし、またその可能性が高いリーダーなのである。しかもそのＬＳＥは、リーダーの個人的な先行要因、部下サイドの先行要因、上司サイドの先行要因、組織的先行要因の4つによって規定されているのである。この4つの中でとりわけ重要なものはリーダーの個人的な先行要因であった。それはリーダーシップ行使の成功体験、インターナルな環境支配性向、自己価値の3つである。つまり、過去においてリーダーシップ行使の成功体験が豊富で、目標の達成や自己の行動およびその結果について強い自己責任を感じ、積極的に自らの判断で行動し、加えて集団や組織において自分の社会的な価値を強く自覚している人ほど、ＬＳＥの強いリーダーであると、研究者たちは主張するのである。

しかしながら最近、ＬＳＥの源泉はこの成功体験や強い責任感と行動力、自己価値だけでなく、ＥＩの重要性も指摘されている。ＥＩというのは情緒的な適応性（力）のことで、次の4つの機能（能力）が相互に関連して構成されると考えられている。[16]

① 自分と他人の感情を知覚する能力
② 自分と他人の感情を理解する能力
③ 意思決定を迅速化・適切化・高度化するために感情を働かせることができる能力
④ 自分と他人の感情をコントロールできる能力

このＥＩの強さが変革型リーダーシップの行使の高さを予測することが発見されている。つまりＥＩが変革型リーダーシップ行動の１つの重要な基礎なのであった。

変革型リーダーシップ自己効力と、高度な変革型リーダーシップの行使の原因を探った研究がある。[17] サンプルはオーストラリアの旅行業の会社の管理者118名であった。この研究結果によれば、自己効力は変革型リーダーシップの主要な形成要因であった。つまり自己開示訓練（3、4日続けて1回当たり15～20分程度、自分の仕事や家庭生活で起こった重要な出来事について自分の気持ちや考えを文書にして自己開示させるという訓練）を受けた管理者は、それを受けなかった管理者よりも、変革型リーダーシップ自己効力が高く、変革型リーダーシップの行使でも高い傾向がみられた。さらにＥＩの高い管理者ほど、その訓練の結果が高かった。つまり、次のような関係がみられるようだ。

高いＥＩ→自己開示訓練の成果の強化→高い変革型リーダーシップ自己効力→変革型リーダーシップの強い行使。

要するに、最近のリーダーシップ研究では、従来のような「リーダーシップ・スタイル→集団業績」の関係に焦点を置くだけでなく、リーダーシップ行動を正しく選択し活用できる条件の解明に重点が置かれてきているようである。つまりたとえば「ＥＩ→ＬＳＥ→リーダーシップ行動→集団業績」の関係である。

Self-Efficacy

まとめ

現在のリーダーシップ研究では、行動理論に代表される、集団業績の向上や低下の原因を説明するうえで、リーダーシップの関係志向的スタイルやタスク志向的スタイルという分け方自体はもはやあまり意味がない。それよりも、部下たちの自己効力、リーダーのLSEの方が重要なようである。このLSEはリーダーシップの帰属理論と密接な関係がある。集団目標の達成状況で帰属性を正確に推測できるリーダーは部下との間の相互作用的行動において、部下たちの間にポジティブな職務態度を作り上げ、不安やストレスを取り除き、非生産的な行動を除去する可能性が高いだろう。その結果、部下たちの自己効力、満足、モティベーションも高まるだろう。

他方、集団業績の変化に関してリーダーがどのような帰属的推論をして、実際にどのような行動をとってきたかという経験の積み重ねがリーダーのLSEに強い影響を与えるだろう。

現在、LSEは集団目標の設定、部下たちのコミットメントの獲得、変革の障害の克服の3つの構成要素からなると考えられるが、まだ確定はしていないようである。

最近とみに、リーダーシップ研究でＥＩが重視されてきている。この概念はリーダーのＬＳＥと密接な関係があると考えられる。もしかすると、有効なリーダーシップ行動にとって、リーダーの個人的な特徴（リーダーシップ行使の成功体験、インターナルな環境支配性向、自己価値）よりも重要な要因かもしれない。そうであれば、「ＥＩ↓ＬＳＥ↓リーダーシップ行動↓集団業績」の関係について一層の研究が待たれる。しかしながら、この関係の中に、新たに集団効力という概念が組み込まれてきた。この概念の有効性はすでにプロジェクト・チームの業績変化などを説明する研究で明らかになっている。この集団効力はどうも集団業績を直接決定付ける可能性も示唆しているようである。

結び

本書は、自己効力という概念が組織の中で働く人々の能力や職務態度、モティベーション、職務行動、リーダーシップ行動、教育訓練、そして職務業績に対してどのような効果・意義をもっているのか、またそれぞれの問題領域において自己効力を高めるにはどうすればよいのかについて、さまざまな研究成果に基づいて、明らかにしてきた。

しかしビジネス・マネジメントの見地からすれば、最も重要な問題は職務業績であり、その直接の先行要因である職務行動である。職務行動に自己効力がどのような影響を及ぼしているのかについては、すでにバンデューラが基本モデルを提示している。それは、行動の2つの先行要因（環境変化の予期と自己の行動についての予期）が行動を喚起するというものである。[1] その環境変化の予期はある行動がどんな結果を引き起こすのかという結果予期に基づき、自己の行動についての予期は適切な行動をうまくできるのかどうかという予期（自己効力）に基づくのである。しかしバンデューラは自己効力と結果期待に関する因果関係モデルで、自己効力と結果期待についてさらに精緻化している。[2] このモデルでは、とりわけ結果期待を3つの主要なタイプ（身体的結果、社会的結果、自己評価的反応）に分け、さらにそれぞれをポジティブとネガティブな結果に分けている。要するに、たとえば、キャリア選択や仕事目標の設定の正しさは、基本的に、自己効力と結果期待によって判断されるのである。

バンデューラの自己効力理論によれば、人がどのような行動をこれから選択していこうとするのか、どれだけの努力をしていこうとするのか、そして困難や思わしくない出来事に直面してもどれだけやり通していこうとするのかなどは、自己効力のいかんによって決まるのである。[3]

ところが、レントらは1994年に、バンデューラの自己効力理論に基づくが少し異なる次のような職務行動の成功モデルを作成している。[4]それは、職務行動の成功度は適切なスキルと能力、強い自己効力によって予言できるというものである。

これに対して、モスリーIIらは、一般的自己効力やタスク関連の特定自己効力だけでは、今日の複雑なビジネス環境における管理者・従業員の職務行動を説明できないと主張する。彼らが注目するのは、管理者・従業員が各自の領域でたえず仕事に挑戦しなければならない状況、さらに自分の生活の幸せ感を高めるためにキャリアアップやキャリア開発、キャリア再選択に挑戦している姿であった。そこで、彼らは、まず事業分野（自動車製造、造船、小売り、金融など）ごとに職能領域（製造、販売、研究開発、財務・経理など）ごとの自己効力の測定が必要だと考えた。[5]さらに、彼らは、ある特定のタスク関連の特定自己効力ではなく、それぞれの職能領域ごとの仕事全般に関する自己効力の測定が求められると考えた。彼らはこれによって初めて、正しい職務評価や選抜評価が可能になるという。要するに、自己効力概念のより一層の有用性に向かって、自己効力概念を構成する3次元の1つである一般性に焦点を当て、対象範囲の再構成が進んでいる。と同時に、自己効力のより正しい測定スケールの開発も重要な問題になっている。

自己効力概念がその因果関係を解明し有益な提言ができる問題領域については、バンデューラの1995年の著作で取り上げられたものは、すでに述べたとおりである。1997年の著作では、1995年の著作と重複するところもあるが、教育機関やそのメンバー（教師、生徒）の認知機能、健康促進行動、ネガティブな心理状態（不安、恐怖症、うつ症状、過食症、アルコール・薬物中毒など）の原因解明と対処行動・方法、アスレチック・スキルと活動、組織やそこで働いている人々が抱えている仕事上の問題（キャリア開発、コンピテンシー開発・習熟、職務ストレス、組織的意思決定など）の原因解明と対処行動・方法、さらに政治やメディア、文化といった領域までにも、自己効力概念の研究が拡大・発展している。

このように、自己効力に関する研究は、今後、対象範囲がますます拡大していくと同時に、深化し、さらに実践的な問題解決の力を強めていくことであろう。

最後に、本書とりわけ第2章以降で明らかにした自己効力の意義や形成要因は原則としてすべて、ある特定の時期、場所、サンプル、分析手続きに基づく実証研究によって発見されたものである。したがって厳密にいえば、これらはすべて一般的に主張することはできない。つまりこれらの一般化、そして新たな問題の発見・解決の努力が、研究者に強く求められるだろう。そうすることによって、自己効力理論の内容がより豊かになり、その結果、人の仕事生活や家庭生活の場での幸せ感を高めることができるであろう。

それでは、松下幸之助（1894~1989年・松下電器産業（現パナソニック）の創業者）の言葉で、本書を締めくくろう。彼はいう。「どうしてみんなあんなに、他人と同じことをやりたがるのだろう。自分は自分である。百億の人間がおっても、自分は自分である。そこに自分の誇りがあり、自信がある。そしてこんな人こそが、社会の繁栄のために本当に必要なのである」[6]。どんな時代でも、社会が真に求めているのは、確固としたアイデンティティと高い自己効力をもった人間なのである。

注・索引は、後ろからご覧ください。

平成26年 4 月25日　　初版発行　　略称：自己効力

人と組織を変える自己効力

著　者 © 林　　伸　二
発行者　中　島　治　久

発行所　同 文 舘 出 版 株 式 会 社
東京都千代田区神田神保町1-41　〒101-0051
電話　営業(03)3294-1801　編集(03)3294-1803
振替 00100-8-42935　http://www.dobunkan.co.jp

Printed in Japan 2014

製版：一企画
印刷・製本：三美印刷

ISBN 978-4-495-38371-8

【著者略歴】

林　伸二（はやし　しんじ）

1946年　佐賀県武雄市に生まれる
1969年　名古屋市立大学経済学部卒業
1974年　神戸大学大学院経営学研究科博士課程単位取得
　　　　南山大学経営学部，小樽商科大学商学部を経て
1989年　経営学博士（神戸大学）
現　在　青山学院大学経営学部（教授）
2000～2003年　青山学院大学学長補佐
専攻領域　組織心理学・人事管理論・経営管理論・経営組織論

著　書
『仕事の価値―新しいモティベーション研究―』白桃書房，1985年（第17回経営科学文献賞受賞）
『管理者行動論―アメリカ企業の現実―』白桃書房，1987年
『M&A―合併・買収と組織統合―』同文舘，1989年
『中小企業のM&A戦略』（共著）同友館，1993年
『日本企業のM&A戦略』同文舘，1993年（1994年度青山学院学術褒賞受賞）
『業績評価システム』同友館，1993年
『現代経営管理論』（共編著）有斐閣，1994年
『最新経営学事典』（共著）中央経済社，1997年
『組織が活力を取りもどす』同友館，1997年
『組織心理学』白桃書房，2000年
『大学改造』大学教育出版，2005年
『人材育成原理』白桃書房，2005年
『組織の存亡―いかに優秀な人材を獲得するか―』同文舘出版，2012年

注

注

はじめに

1. 坂本藤良. 1986.『岩崎弥太郎の独創経営』講談社.; http://systemincome.com/main/kakugen/tag/岩崎弥太郎.
2. 祐宗省三他編. 1985.『社会学習理論の新展開』金子書房: 104.
3. 坂野雄二・前田基成編著. 2002.『セルフ・エフィカシーの臨床心理学』北大路書房.
4. 林伸二. 2011a.「幸せ（幸福感）の知覚メカニズム：SHEEモデルの提案」青山経営論集, 46(1): 1-28.; 林. 2011b.「若い看護師は幸せなのだろうか：看護師 vs. OL」『青山経営論集』46(3): 227-262.; 林. 2013.「社会的支援が精神的不健康を改善する：社会的支援―ワーク・ライフ・バランス―精神的健康」『青山経営論集』48(2): 1-27.
5. Rees, T. & P. Freeman. 2009. Social Support Moderates the Relationship Between Stressors and Task Performance Through Self-Efficacy. *Journal of Social and Clinical Psychology*, 28(2): 245.

序

1. 以下，林敏彦. 2001.「アメリカ経済の繁栄と世界経済」『国際問題』491: 1-11.; 米国の歴史の概要（aboutusa.japan.usembassy.gov/）
2. Babcock, C.M. 1952. A Dynamic Theory of Communications. *Journal of Communication*, 2(1): 64-68.
3. Bingham, D.A. 1958. Public Personnel Selection and Value Theory. *Political Research, Organization and Design*, 2(1): 13-15.
4. Bandura, A. 1977. Self-Efficacy: Toward a Unifying Theory of Behavioral Change. *Psychological Review*, 84: 191-215.
5. Bandura, A. 1986. Social Foundations of Thought and Action: A Social Cognitive Theory. *Prentice-Hall*: 390.
6. Bandura, A. (ed.) 1995. *Self-Efficacy in Changing Societies*. Cambridge University Press.（本明寛・野口京子監訳. 1997.『激動社会の中

の自己効力』金子書房：2-3)
7. Bandura.(ed.) op.cit., vi.
8. 以下、ibid., vi-x.
9. Ibid., ⅷ.

1章

1. Eden, D. & A. Aviram. 1993. Self-Efficacy Training to speed Reemployment: Helping People to Help Themselves. *Journal of Applied Psychology*, 78(3): 352.
2. Mathieu, J.E., J.W. Martineau & S.I. Tannenbaum. 1993. Individual and Situational Influences on the Development of Self-Efficacy: Implications for Training Effectiveness. *Personnel Psychology*, 46:139.
3. Hill, N.C. 1984. *How to Increase Employee Competence*. McGraw-Hill: 5-6.
4. Ibid., 19.
5. 祐宗他編．前掲書．104-105．点線部分は筆者の責。
6. Ibid., 43.
7. Maurer, T.J. & H.R. Pierce. 1998. A Comparison of Likert Scale and Traditional Measures of Self-Efficacy. *Journal of Applied Psychology*, 83(2): 324.
8. Bandura, A. 1997. *Self-Efficacy: The Exercise of Control*. W.H. Freeman & Co.: 42-44.
9. Eden, D. & J. Kinnar. 1991. Modeling Galatea: Boosting Self-Efficacy to Increase Volunteering. *Journal of Applied Psychology*, 76(6): 771.; Eden & Aviram. op.cit., 352.; Chen, G., S.M. Gully & D. Eden. 2004. General Self-Efficacy and Self-Esteem: Toward Theoretical and Empirical Distinction between Correlated Self-Evaluations. *Journal of Organizational Behavior*, 25:380.
10. Judge, T.A. & J.E. Bono. 2001. Relationship of Core Self-Evaluations Traits-Self-Esteem, Generalized Self-Efficacy, Locus of Control, and Emotional Stability-with Job Satisfaction and Job Performance: A Meta-Analysis. *Journal of Applied Psychology*, 86(1): 80.

11. Eden & Kinnar. op.cit., 771.; Judge & Bono. op.cit., 83.
12. Grabowski, L.J.S. 2002. Welfare Participation and Perceived Self-Efficacy: Structure, Agency, and the Self-Concept. *Humanities and Social Sciences*, 62 (11) : 1.
13. 林伸二. 2000.『組織心理学』白桃書房：31-33.
14. Schafer, R.B. & P.M. Keith. 1985. A Casual Model Approach to the Symbolic Interactionist View of the Self-Concept. *Journal of Personality and Social Psychology*, 48 (4) : 963.
15. McCoach, D.B. & D. Siegle. 2003. The Structure and Function of Academic Self-Concept in Gifted and General Education Students. *Roeper Review*, 25 (2) : 61.
16. Hensel, D. & W. Stoelting-Gettelfinger. 2011. Changes in Stress and Nurse Self-Concept Among Baccalaureate Nursing Students. *Journal of Nursing Education*, 50 (5) : 290-293.
17. Moller, J., B. Pohlmann, O. Koller & H.W. Marsh. 2009. A Meta-Analytic Path Analysis of the Internal/External Frame of Reference Model of Academic Achievement and Academic Self-Concept. *Review of Educational Research*, 79 (3) : 1134-1135.
18. Byer, J.L. 2000. Measuring the Positive Effects of Students' Perceptions of Classroom Social Climate of Academic Self-Concept. *Journal of Social Studies Research*, 24 (1) : 25-34.
19. Eden & Aviram. op.cit., 353.
20. 林伸二. 2005.『人材育成原理』白桃書房：10.
21. Damaray, M.K., C.K. Malecki, S.Y. Rueger, S.E. Brown & K.H. Summers. 2009. The Role of Youths' Ratings of the Importance of Socially Supportive Behaviors in the Relationship Between Social Support and Self-Concept. *Journal of Youth Adolescence*, 38: 13-28.
22. Leonard, N.H., L.L. Beauvais & R.W. Scholl. 1995. A Self Concept-based Model of Work Motivation. *Academy of Management Journal*, 324.
23. 小枇木啓吾.「アイデンティティ」藤永保編. 1981.『新版　心理学事典』平凡社：2-3.

24. Njus, D. & D.R. Johnson. 2008. Need for Cognition as a Predictor of Psychosocial Identity Development. *Journal of Psychology*, 142(6): 645-655.
25. Keyes, C.L.M. & C.D. Ryff. 2000. Subjective Change and Mental Health: A Self-Concept Theory. *Social Psychology Quarterly*, 63(3): 266.
26. Reitzes, D.C. & C. Jaret. 2007. Identities and Social-Psychological Well-Being among African American College Students. *Sociological focus*, 40(4): 392-412.
27. Landazabal, M.G. 2002. Assessment of an Intervention on Social Behavior, Intragroup Relations, Self-Concept and Prejudiced Cognitions during Adolescence. *International Journal of Psychology and Psychological Therapy*, 2(1): 1-22.
28. Swiatek, M.A. 2001. Social Coping Among Gifted High School Students and Its Relationship to Self-Concept. *Journal of Youth and Adolescence*, 30(1): 28.
29. Eden & Aviram. op.cit.
30. Mosley II et al. op.cit., 275.
31. Tams, S. 2008. Self-directed Social Learning: The Role of Individual Differences. *Journal of Management Development*, 27(2): 199.
32. Tams. op.cit., 197-198.
33. Eden & Aviram. op.cit., 355.
34. Tannenbaum, S.I., J.E. Mathieu, E. Salas & J.A.Cannon-Bowers. 1991. Meeting Trainees' Expectations: The Influence of Training Fulfillment on the Development of Commitment, Self-Efficacy, and Motivation. *Journal of Applied Psychology*, 76(6): 759.
35. Ibid., 764.
36. 祐宗他編．前掲書．106-107.
37. 上掲書．136-139.
38. Hamachek, D. 1995. Self-Concept and School Achievement: Interaction Dynamics and a Tool for Assessing the Self-Concept Component. *Journal of Counseling and Development*, 73(4): 419-425.

2章

1. 林. 2000. 前掲書. 115.
2. Ibid., 59-90.
3. Zimbardo, P.G. 1980. *Essentials of Psychology and Life*. 10th ed. Scott, Foresman and Co.（古畑和孝・平井久監訳. 1982.『現代心理学Ⅲ』サイエンス社：566.）
4. 以下，祐宗他編. 前掲書. 109-111.
5. Hill. op.cit., 20-21.
6. Tierney, P. & S.M. Farmer. 2002. Creative Self-Efficacy: Its Potential Antecedents and Relationship to Creative Performance. *Academy of Management Journal*, 45(6): 1137-1148.
7. Tannenbaum et al. op.cit., 759-769.
8. Freeburg, B.W. & J.E. Workman. 2008. At-Risk Youth Appearance and Job Performance Evaluation. *Journal of Family and Consumer Sciences*, 100(3): 14-20.
9. Garcia, B.C. 2009. Developing Connectivity: A PKM Path for Higher Education Workplace Learners. *Online Information Review*, 33(2): 276.
10. 以下，Lin, H-F. 2011. Antecedents of the Stage-based Knowledge Management Evolution. *Journal of Knowledge Management*, 15(1): 136-155.
11. 以下，Zawawi, A.A., Z. Zakaria, N.Z. Kamarunzaman, N. Noordin, M.Z.H.M. Sawal, N.M. Junos & N.S.A. Najid. 2011. The Study of Barrier Factors in Knowledge Sharing: A Case Study in Public University. *Management Science and Engineering*, 5(1): 59-70.
12. Ibid.
13. Houghton, J.D. & T.C. DiLiello. 2010. Leadership Development: The Key to Unlocking Individual Creativity in Organizations. *Leadership and Organization Development Journal*, 31(3): 230-245.
14. Hill. op.cit., 20.
15. 以下，ibid.

16. Zimbardo. op.cit.
17. Freeman, G.D., K. Sullivan & C.R. Fulton. 2003. Effects of Creative Drama on Self-Concept, Social Skills, and Problem Behavior. *Journal of Educational Research*, 96(3): 131-138.
18. Riggio, H.R. 1999. Personality and Social Skill Differences between Adults with and without Siblings. *Journal of Psychology*, 133(5): 514-515.
19. Jamali, D., Y. Sidani & D. Abu-Zaki. 2006. Emotional Intelligence and Management Development Implications. *Journal of Management Development*, 27(3): 348-360.
20. 林. 2005. 前掲書. 144-149.
21. Tierney & Farmer. op.cit., 1137-1148.
22. Putrevu, S. 2001. Exploring the Origins and Information Processing Differences between Men and Women: Implications for Advertisers. *Academy of Marketing Science Review*, 2001(10): 1-14.
23. Meyers-Levy, J. 1988. Influence of Sex Roles on Judgment. *Journal of Consumer Research*, 14(March): 522-530.; Meyers-Levy, J. 1989. Gender Differences in Information Processing: A Selectivity Interpretation. In. Cafferata, P. & A. Tybout.(eds.) *Cognitive and Affective Responses to Advertising*. Lexington, M.A.: 219-260.: Meyers-Levy, J. & D. Maheswaran. 1991. Exploring Differences in Males' and Females' Processing Strategy. *Jounarl of Consumer Research*, 18(June):63-70.
24. Putrevu. op.cit.

3章

1. 林. 2000. 前掲書. 91-114.
2. 祐宗他編. 前掲書. 115-118.
3. Tams op.cit., 196-213.
4. Florin, J., R. Karri & N. Rossiter. 2007. Fostering Entrepreneurial Drive Business Education: An Attitudinal Approach. *Journal of Management Education*, 31(1): 17-42.

注

5. Kickul, J., F. Wilson, D. Marlino & S.D. Barbosa. 2008. Are Misalignments of Perceptions and Self-Efficacy Causing Gender Gaps in Entrepreneurial Intentions among Our Nation's Teens?. *Journal of Small Business and Enterprise Development*, 15(2): 321-335.
6. Robinson, P. & M. Haynes. 1991. Entrepreneurship education in America's major universities. *Entrepreneurship Theory and Practice*, 15(3): 41-52.
7. 以下，祐宗他編．前掲書．106, 137.
8. 以下，上掲書．123-124.
9. McCoach, D.B. & D. Siegle. 2003. The Structure and Function of Academic Self-Concept in Gifted and General Education Students. *Roeper Review*, 25(2): 61.
10. 林．2000．前掲書．91-114.
11. Judge & Bono. op.cit., 80-92.
12. Ibid., 80-82.
13. O'Neil, B.S. & M.A. Mone. 1998. Investigating Equity Sensitivity as a Moderator of Relations Between Self-Efficacy and Workplace Attitudes. *Journal of Applied Psychology*, 83(5): 805-816.
14. Quadahi, J. 2008. A Qualitative Analysis of Factors Associated with User Acceptance and Rejection of a New Workplace Information System in the Public Sector: A Conceptual Model. *Canadian Journal of Administrative Sciences*, 25(3): 202.
15. Ibid., 201-213.
16. Laschinger, H.K.S., J. Shamian & D. Thomson. 2001. Impact of Magnet Hospital Characteristics on Nurses' Perceptions of Trust, Burnout, Quality of Care, and Work Satisfaction. *Nursing Economics*, 19(5): 210.
17. Kramer, M., C. Schmalengerg & P. Maguire. 2004. Essentials of a Magnetic Work Environment: PART 4. *Nursing*, 34(9): 44.; Peters, R. & R. Waterman Jr. 1982. *In Search of Excellence*. Harper & Row, Inc.
18. Sanders, T. & K.S. Davey. 2010. A Review of the Magnet Hospital

Concept from the Perspective of Organizational Behavior. *Proceedings of the Academy of Health Care Management*, 7(1): 32.
19. Laschinger et al. op.cit., 209-219.
20. Kramer et al. op.cit., 44-48.

4章

1. 林．2000．前掲書．115-151.
2. 上掲書．21-38.
3. Judge & Bono. op.cit., 80-92.
4. 祐宗他編．前掲書．132-134.
5. Saks, M.J. & E. Krupat. 1988. *Social Psychology and its Applications*. Harper & Row: 91.
6. Hill. op.cit., 20-22.
7. 祐宗他編．前掲書．119-123.
8. Leonard, N.H., L.L. Beauvais & R.W. Scholl. 1995. A Self Concept-based Model of Work Motivation. *Academy of Management Journal*, 322-326.
9. Dai, D.Y. 2001. A Comparison of Gender Differences in Academic Self-Concept and Motivation Between High-Ability and Average Chinese Adolescents. *Journal of Secondary Gifted Education*, 13(1): 23.
10. Eden & Kinnar. op.cit.

5章

1. 林．2000．前掲書．153-162.
2. 祐宗他編．前掲書．105-106, 124-125.
3. 上掲書．124-125.
4. Mosley II, D.C. S.L. Boyar, C.M. Carson, & A.W. Pearson. 2008. A Production Self-Efficacy Scale: An Exploratory Study. *Journal of Managerial Issues*, 20(2): 273.
5. Saks, A.M. 2006. Multiple Predictions and Criteria of Job Search Success. *Journal of Vocational Behavior*, 68(3): 400-415.
6. Eden & Aviram. op.cit., 352-360.

7. Tierney & Farmer. op.cit., 1137-1148.
8. 以下，林．2000．前掲書．81-86.
9. Tong, Y. & S. Song. 2004. A Study on General Self-Efficacy and Subjective Well-Being of Low SES College Students in a Chinese University. *College Student Journal*, 38(4): 637-642.
10. Eden & Aviram. op.cit., 352.
11. Wiener, K.K.K., T.S. Oei & P.A. Cteed. 1999. Predicting Job Seeking Frequency and Psychological Well-Being in the Unemployed. *Journal of Employment Counseling*, 36(2): 67-81.
12. Chiou, W-B. & C-S. Wan. 2007. The Dynamic Change of Self-Efficacy in Information Searching on the Internet: Influence of Valence of Experience and Prior Self-Efficacy. *Journal of Psychology*, 14(6): 589-603.
13. Choi, J.N., R.H. Price & A.D. Vinokur. 2003. Self-Efficacy Changes in Groups: Effects of Diversity, Leadership, and Group Climate. *Journal of Organizational Behavior*, 24(4): 357-372.
14. 林．2011a. op.cit., 1-28.; 林．2011b. op.cit., 227-262.

6章

1. 林．2005．前掲書．1-7.
2. Mathieu et al. op.cit., 126.
3. Ibid., 125-126.
4. Ibid., 125-147.
5. 林．2005．前掲書.
6. Tannenbaum et al. op.cit., 759-769.
7. Maurer, T.J., F.G. Barbeite, E.M. Weiss & M. Lippstreu. 2008. New Measures of Stereotypical Beliefs about Older Workers' Ability and Desire for Development. *Journal of Managerial Psychology*, 23(4): 395-418.
8. Davis, W.D., D.B. Fedor, C.K. Parsons & D.M. Herold. 2000. The Development of Self-Efficacy During Aviation Training. *Journal of Organizational Behavior*, 21: 857-871.

9. Tannenbaum et al. op.cit., 759-769.

7章

1. Mosley II et al. op.cit., 272-285.
2. Lent, R.W., S.D. Brown & G. Hackett. 1994. Toward a Unifying Social Cognitive Theory of Career and Academic Interest, Choice, and Performance. *Journal of Vocational Behavior*, 45: 79-122.
3. 林. 2000. 前掲書: 153-161.
4. Dodgson, P.G. & J.V. Wood. 1998. Self-Esteem and the Cognitive Accessibility of Strengths and Weaknesses after Failure. *Journal of Personality and Social Psychology*, 75: 178-197.
5. Chen et al. op.cit., 375-395.; Kanfer, R. & E.D. Heggestad. 1997. Motivational traits and skills: a person-centered approach to work motivation. *Research in Organizational Behavior*, 19: 1-56.
6. Quigley, N.R., P.E. Tesluk, E.A. Locke & K.M. Bartol. 2007. A Multilevel Investigation of Motivational Mechanisms Underlying Knowledge Sharing and Performance. *Organization Science*, 18(1): 71-88.
7. Arnold, T., K.E. Flaherty, K.E. Voss & J.C. Mowen. 2009. Role Stressors and Retail Performance: The Role of Perceived Competitive Climate. *Journal of Retailing*, 85(2): 194-205.
8. Drenth, P.J.D. H. Thierry & C.J.de Wolff. 1998. What is Work and Organizational Psychology. In Drenth, P.J.D. H. Thierry & C.J.de Wolff (eds.) 1998. *Introduction to Work and Organizational Psychology*. Psychology Press: 1-9.；林. 2000. 前掲書. 158.

8章

1. 林. 2005. 前掲書. 41-50.
2. Sahertian, P. & B.E. Soetjipto. 2011. Improving Employee's Organizational Commitment, Self-Efficacy, and Organizational Citizenship Behavior Through the Implementation of Task — Oriented and Relationship—Oriented Leadership Behavior. *Business Review*, 17(2): 48-60.

注

3. Schyns, B. & K. Sanders. 2005. Exploring Gender Differences in Leaders' Occupational Self-Efficacy. *Women in Management Review*, 20(7): 513-523.
4. Lakshman, C. 2008. Attributional Theory of Leadership: A Model of Functional Attributions and Behaviors. *Leadership & Organization Development Journal*, 29(4): 317-339.
5. Ibid., 317-339.
6. Mccormic, M.J. & M.J. Martinko. 2004. Identifying Leader Social Cognitions: Integrating the Causal Reasoning Perspective into Social Cognitive Theory. *Journal of Leadership and Organizational Studies*, 10(4): 2.
7. Ibid.
8. Paglis, L.L. 2010. Leadership Self-Efficacy: Research Findings and Practical Applications. *Journal of Management Development*, 29(9): 771-782.
9. Villanueva, J.J. & J.C. Sánchez. 2007. Trait Emotional Intelligence and Leadership Self-Efficacy: Their Relationship with Collective Efficacy. *The Spanish Journal of Psychology*, 10(2): 350.
10. Paglis, L.L. & S.G. Green. 2002. Leadership Self-Efficacy and Managers' Motivation for Leading Change. *Journal of Organizational Behavior*, 23(2): 215-235.
11. Bandura. (ed.) op.cit.
12. 以下, Sahertian, P. & C. Frisdiantara. 2012. Collective Efficacy as A Mediator: The Effect of Relationship Oriented Leadership and Employee Commitment Toward Organizational Values. *Journal of American Academy of Business*, 18(1): 300-309.
13. Villanueva & Sánchez. op.cit., 349-357.
14. Braun, F.C., M. Avital & B. Martz. 2012. Action-centerd Team Leadership Influences More Than Performance. *Team Performance Management*, 18(3/4): 176-195.
15. Adair, J. 1973. *Action-centered Leadreship*. McGraw-Hill.
16. Fitzgerald, S. & N.S. Schutte. 2009. Increasing Transformational

Leadership Through Enhancing Self-Efficacy. *Journal of Management Development*, 29(5): 496.
17. Ibid., 495-505.

結び

1. 祐宗他編. 前掲書. 36-37.
2. Bandura. op.cit., 21-24.
3. 祐宗他編. 前掲書. 105-106.
4. Mosley II et al. op.cit., 272.
5. Ibid.
6. 池田政次郎. 1989.『昭和人間録・松下幸之助大事典』産業労働出版協会.; 大久光. 1984.『志伝・松下幸之助』波書房.; http://systemincome.com/main/kakugen/tag/松下幸之助.

索　引

〔ま〕

〔や〕

〔ら〕